致谢

上海市学校心理健康教育名师（孙时进）工作室

智读汇

连接更多书与书，书与人，人与人。

脱瘾而出

赌博成瘾者家庭自救指南

侣国旗 著

当代世界出版社

图书在版编目（CIP）数据

脱瘾而出：赌博成瘾者家庭自救指南 / 侣国旗著. -- 北京：当代世界出版社，2023.7
ISBN 978-7-5090-1747-0

Ⅰ. ①脱⋯ Ⅱ. ①侣⋯ Ⅲ. ①赌博－社会问题－指南 Ⅳ. ① C913.8-62

中国国家版本馆 CIP 数据核字（2023）第 091877 号

脱瘾而出：赌博成瘾者家庭自救指南

作　　者：	侣国旗
出版发行：	当代世界出版社
地　　址：	北京市东城区地安门东大街 70-9 号
编务电话：	（010）83907528
发行电话：	（010）83908410（传真）
	13601274970
	18611107149
	13521909533
经　　销：	全国新华书店
印　　刷：	涿州市旭峰德源印刷有限公司
开　　本：	710 毫米 ×1000 毫米　1/16
印　　张：	13
字　　数：	150 千字
版　　次：	2023 年 7 月第 1 版
印　　次：	2023 年 7 月第 1 次
书　　号：	ISBN 978-7-5090-1747-0
定　　价：	68.00 元

如发现印装质量问题，请与承印厂联系调换。
版权所有，翻版必究，未经许可，不得转载！

致正在戒赌路上前行的所有家庭

戒赌其实并不复杂，复杂的是家庭错误的处理方式。这会让赌博者本人和赌博者的家庭陷入恶性循环，互不信任、互不理解、互相伤害，从而让赌博恶魔有机可乘，给家庭带来精神和财富的双重损失。因此，我非常希望这本书，能够为迷雾中的家庭点亮一盏灯，我和我的团队也会始终与您一起走在戒赌路上，虽然任重而道远，但只要我们彼此信任，就一定会抵达幸福的终点！

——侣国旗

家中有成员沉迷于赌博，家人的情感往往极度复杂，因亲情产生的不舍与因被反复伤害产生的怨恨折磨着家人的心灵。在家人戒赌经历反复的失败后，意识到寻求外部有效的帮助需要一种高维的内在智慧。戒赌路上的家庭应感恩于自己的智慧，拥有这样的智慧，家庭必将收获幸福。

——心理咨询师　宋瑞可

赌博成瘾是因为我们内在的某种心理需求被赌博行为持续"高质量"满足，这让我们体会到"被爱"的错觉，而忘了我们存在的价值。

愿脱"瘾"而出的人们，在 MPS（Meaning 意义、Pleasure 快乐和

Strength 优势）三个领域交集的地方，找到最佳的个人定位！

——心理咨询师　刘玥琦

致身处赌博漩涡中痛苦的你——也许此刻的你正沉迷其中找不到方向，你很痛苦却无法自拔……当你察觉到自己的痛苦，你愿意花时间与心力去了解自己吗？去面对自己的不完美或者不堪需要很大的勇气，然而你只要踏出这第一步，后续的部分就会变得容易……未来的你会感谢现在的你所做出的正确选择。

——心理咨询师　徐海琴

赌博，是最不需要付出努力的事情，因为赌可以让人随心所欲。戒赌，是要承受痛苦和艰辛的，因为不能随心所欲。戒赌是脱胎换骨的过程，是要努力让自己做一个有节制、有敬畏心的人的过程。

——心理咨询师　向日葵

我们之所以会在赌博中痛苦，是因为失去的东西让我们心疼不已，但是请擦干眼泪，找到戒赌给我们带来的收获，这是一次关于成长的学习。深渊过后皆是坦途，我们终将上岸，阳光万里！

——心理咨询师　王麟

如果你能够看到这段文字，已经说明你是一位勇士，因为，你正在跟最消沉的日子说再见，虽然很不容易，但是前方充满了希望。

从决心戒赌的那一刻起，你扛起了自己的担子，对自己的生命负起了百分百的责任，不再怨天尤人，不再痛苦消沉，你正在挺起脊梁，慢慢站立起来。

致正在戒赌路上前行的所有家庭

没有坎坷的人生是无趣的，每一次的经历和体验，不论好坏，都是生命赋予你的特殊财富，接纳这一切的发生，然后去看到，这背后真正的礼物是什么。

愿你能打开新的航海图，为爱出发，成为自己生命真正的舵手！

——记者　刘华

判断我们的认知是否进步，不是去看那些让我们感觉良好的东西，而要看我们是否有质疑的勇气和对过去自省的态度，当然还有对现实的接纳能力。我们常说，苦难是一笔财富，这是有前提的。当我们战胜苦难后，那段苦难才会有价值。所以，对于过来人而言，那是一笔财富，而对于深陷其中的人，那确凿无疑只是灾难本身。诚心祈愿，所有赌博受害者及其家人能再勇敢一点，哪怕仅走出一小步，可能您的人生就会是另一番风景。请抓住别人递给您的"救生圈"，允许他人爱您，并相信这份爱。

——当代诗人　宋憩园

养成赌博习惯需要多久？如果养成一个好习惯需要21天，那养成赌博的习惯，也许只需21秒。这21秒的输赢，足以让一个人对赌博念念不忘，甚至沉溺其中几年、几十年。

戒赌，则是与这个根深蒂固的恶习顽强斗争的过程，它需要借助外力，需要家庭的支持，需要通过家庭实践、认知学习等各种方式与之终生对抗。只有如此，才能真正戒赌成功。

——资深媒体人　苏苏

我们都曾迷失在赌博的幻境里，终日与谎言和欺骗相依相伴。曾经，我们将它当成枯燥生活的调味剂，当成负面情绪的避风港，当成不劳而获的捷径，

换来的却只有输无可输、负债累累和家破人亡的困境……

我们开始怀念正常人的日子，怀念月有结余、一家人其乐融融的美好感受，怀念当一个单纯球迷观赏球赛的满足感和幸福感，怀念每一个不赌的日子、每一顿安心的晚餐和每一次踏实的睡眠。现在依旧不晚，在自我的醒悟、家人的支持和戒赌中心的专业帮助下，我们总有一天能够重新回到正确的人生轨迹上，重新拥有简单的幸福！我们的未来，并不孤单。戒掉赌博，早点回家！

——戒赌过来人　张旭

人生不如意十之八九，很不幸我遇到了赌博，它让我穷困潦倒、精神萎靡，家庭分崩离析；但幸运的是，我战胜了它。现在的我心智更加成熟、意志更加坚定，热爱家庭，热爱生活，懂得了珍惜，学会了知足。

——戒赌过来人　黄超

现在回想起过去至昏至暗的那两年，我输掉的仅仅是银行卡里的那八位数吗？不是！对我来说，更严重的是我输掉了生而为人的资格！在人生最为关键的上升期，如果我没有坠入网赌这张大网，现在的我将处于怎样一种高度？如果我继续沉沦，等待我的是不是十八层地狱？万幸，我回归了正常的生活，期待彻底破茧重生的那一天！

——戒赌过来人　子路不悦

因为赌博，你抛弃了世界，但你一定不要放弃自己！你要记住，那些真正爱你的人，一直在等你回家！

——侣国旗戒赌中心课程顾问　陆宝老师

推荐序一

一转眼与侣国旗老师认识7年多了，第一次相见是2015年，那时我们俩同时作为秦畅老师一档广播节目《市民与社会》中关于戒赌的一期的嘉宾。当时让我惊讶的是，以前完全是"门外汉"的侣老师为了帮助深陷赌瘾的家人走出这个泥坑，竟然成了从事戒赌工作的专业人士。侣老师人比较内向，平时话并不多，但是讲到戒赌的话题时就会滔滔不绝、神采飞扬。而且从理论到实践如数家珍。尽管我个人从事心理学的教学科研工作多年，但对赌博成瘾人群了解并不多。他讲的那些生动的个案和故事是课堂上和书本里没有的东西，使我获益匪浅。

后来在与侣国旗老师更多的交往中，我逐渐走进了赌博者这个群体，接触了越来越多被赌博伤害的年轻人和他们的家庭，也看着侣老师从一个个人的戒赌公益行为，到现在成立了具有一定规模、拥有扎实专业基础和丰富实践经验的专业戒赌机构，为那些深受其害的赌博成瘾者和他们的家庭提供了强有力的帮扶和支持，甚至成了他们心灵的家园。我见证了侣国旗老师这些年一路走来的艰辛，他的坚持精神、使命感和对赌博成瘾受害者的爱心也让我十分敬佩。

今天，看到这本来自他多年学习、思考和实践而产出的《脱瘾而出：赌博成瘾者家庭自救指南》，我感到深深的欣慰和感动。欣慰的是国内终于有

了第一本具有中国特色的、理论联系实际的、几乎涵盖了个人和家庭在戒赌过程中所有可能会遇到的常见问题，并且给出具有操作性建议的综合性的图书；而令我感动的是，侣老师几乎将他十几年在戒赌领域里的所知所学所悟都毫无保留地写在了此书中，对于赌博者及其家庭，甚至对于我们心理学领域的专业人士，都具有很强的实用价值。侣老师无私奉献的精神着实令我感动，他对于所从事的事业的热爱以及助人、救人的责任感、使命感是推动他坚持走到今天的强大内驱力。

热切地希望这本书能帮助深陷赌瘾的个人和家庭走出深渊，迈向幸福之路；也让从事戒赌工作的社会各界人士得到一个适用而又有操作性的有力工具。我也期待着侣国旗老师和他的团队能够取得更多、更好的成绩，获得更大的发展，为幸福中国的构建做出更大的贡献。

复旦大学心理研究中心主任、教授

中国心理学会监事长

孙时进

推荐序二

追溯中国赌博史，人们早在古代就有"碰运气"的习惯，大量运用"抓签"筮卜的方式来判断凶吉，一些重大战事均通过"卜卦"来决定。这种听天由命式的赌博能够大众化的原因很简单，它体现了一种"天意"的公允和权威，与人类的原始意识和宗教观念有同性关系。后来，"赌博"成了一种娱乐方式，从帝皇的"赛马""赌球"到百姓的"斗鸡""斗犬"，上行下效，开始盛行。

新中国成立后，国家颁布禁赌条例。1979年《中华人民共和国刑法》将赌博行为规定为犯罪，从法律角度严管赌博行为。随着相关研究的增加，越来越多的证据证实赌博成瘾与物质成瘾在机制方面有着相似之处。《国际疾病分类（第11版）》（ICD-11）将赌博障碍列入成瘾性疾病的范畴，但是目前对于赌博障碍的治疗尚缺乏指导原则和足够的经验。

本书作者侣国旗先生从2008年开始专注赌博成瘾患者的干预，从赌博的心理机制出发，着眼家庭关系在赌博发生、发展及戒赌中的作用，通过对3万余名赌博成瘾患者的救助，积累了丰富的实践经验。在《脱瘾而出：赌博成瘾者家庭自救指南》一书中，侣国旗先生在总结自己15年来实践经验的基础上，由古至今、从理论知识到实践技能、从家庭关系到个体因素，详细介绍了赌博发展史及赌博成瘾后的家庭自助技巧。这本书的内容通俗易懂，可操作性强，着实为赌博成瘾患者及其家庭和相关从业人员提供了很好的帮助。

作为成瘾医学科的专业人员，我推荐赌博成瘾患者及其家庭成员阅读此书，希望你们有所收获，脱离赌博深渊。

上海市精神卫生中心成瘾医学科主任

杜江

前　言

致深陷泥沼的赌博家庭

　　自古以来，赌博一直在民间屡禁不止，与之前的线下聚众赌博不同，目前，新型的赌博已经从线下转为线上，每天的网赌流水可达到上百亿元，那么这些钱最终都去了哪里呢？其中的大部分流向了境外庄家的口袋，而庄家则利用这些钱，再去诱惑更多的年轻人成为网赌的奴隶。

　　目前，网络赌博的便捷性和隐蔽性导致受害者的群体面变得更广，影响的人群年龄也更小，"90后""00后"已经成为网赌的主要受害人群。来到我们戒赌中心的这些"求救者"中，最小的还是个高二的学生，才17岁。赌博带来的最大危害其实并不是金钱的损失，而是整个赌博过程会让赌博者本人及其家人目标丧失、价值观扭曲、三观崩塌，甚至产生厌世情绪。这种由赌博所导致的长期的精神折磨才是对家庭和社会最大的隐患及危害。

　　我们可以想象一个画面，一旦家庭中有人深陷网赌，首先赌博者本人会犹如陷入了泥沼中，越挣扎反而越陷越深，无力自拔；而家人则总是在其旁边急得团团转，可一旦靠近却只会被一起拉入泥沼，离开又不忍心。这就是目前大多数赌博家庭的现状。赌博者及其家人们根本找不到好的解决方法，只能一起陷入万劫不复的境地。此外，对网赌和戒赌认知的种种误区，还会导致赌博家庭自以为是的"自救"行为，比如隐瞒、还债、盲目信任、过度

关注等，只会加快赌博者在泥沼中被"没顶"的速度。其实，赌博成瘾目前在国际上已经被确认为一种精神疾病，也被称为"病理性赌博症"，《中国精神障碍分类与诊断标准（第三版）》（CCMD-3）将其归于冲动控制障碍之一。因此，一旦赌博者发展为病理性赌博，那就属于非物质成瘾性疾病，靠自我救助或所谓的意志力戒赌，必然收效甚微，反而会不断加剧家庭的损失，延误最佳的戒赌时期。

2000年，我的妻子沾染赌博，给家庭造成了巨大的经济损失和精神伤害，为挽救家庭，我放弃了安逸的小康生活，带着妻子离开家乡戒赌。我们夫妻两人共走过了中国的18个省会城市，自费宣传赌博危害，期间中央电视台综合频道（CCTV-1）和社会与法频道（CCTV-12）均做过专题报道，且总计有140多家权威媒体、近70家主流报纸对此进行过深度报道。

从2008年至今已15年，在这15年里，我通过学习和研修成为国家二级心理咨询师，接触了十几万个赌博者和他们的家人，创立了中国第一家专业戒赌机构，并且从心理学、社会学和实际角度出发，帮助了3万余个赌博受害家庭成功脱离苦海。没错，我常称赌博者本人为赌博受害者，是因为他们并不是常人眼中所认为的泯灭人性、丧心病狂的赌徒或赌鬼，他们不是坏人，只是生了病，且这个病是心理疾病，与原生家庭、成长经历、社会环境、人际交往都有着密不可分的关系。所以，在治疗"赌博成瘾"这个疾病的时候，我们绝不能将赌博者独立到他的家庭关系之外，而需要采用系统的家庭治疗方法，因为家人对赌博者及其赌博行为的态度，极大程度上决定了赌博者是否能顺利地戒掉赌瘾。而在我10多年来接触赌博者的过程中，我发现绝大多数赌博者的家人对于赌博成瘾行为的作用机制、科学戒赌的原理及执行要求都有许多误解和误用，以致往往在帮助赌博者戒赌的过程中帮了倒忙，也正因为如此，我萌生了要为那些被赌博侵害的家庭写一本自救读物的想法。

前言

本书将我和我的专业团队多年来是如何面对赌博者及其家人的相关经验和方法进行了整理归纳，将赌博者及其家庭成员在处理赌博问题时会遇到的误区进行了逐一的剖析和解答，同时还加入了大量来我们专业戒赌机构戒赌的真实个案分析（隐去了真实姓名和一些背景资料）。我们希望可以借助这些个案找到一些共性的、有启发性的内容，这些内容也许能够解释赌博者痴迷赌博的个体因素、家庭因素和社会因素，而对于已经有赌博者的家庭，则可以提供更有效的解决方案。同时，对于社会普通人群，尤其是对在校大学生和刚入职场的年轻人，我们能够帮助他们去树立正确的价值观和金钱观，起到正确导向与警示的积极意义。

本书内容来自我个人及我的团队多年"帮人戒赌"的经验总结，仅代表我个人及我的团队对于戒赌的一些观点与建议，希望能够抛砖引玉，引起社会有识之士对于赌博受害群体的关注，共同找到更专业更有效的戒赌方案，以帮助更多的受害家庭重拾幸福生活。

善待一切，一切为了美好生活！

侣国旗

2023 年 5 月于上海

目录 CONTENTS

上篇

第一章　赌博的历史　003

赌与博　005

盛与禁　010

网赌现状　012

披着羊皮的网赌之狼　014

赌博众生相　016

第二章　赌博是病吗　027

你的赌博行为是娱乐性的还是病理性的　029

赌博的六个阶段　030

第三章　为什么我会得赌博成瘾这个病　035

赌博的成瘾机制　037

疯狂背后的真相——庄家如何诱你入局　047

赌徒迷思　053

第四章　赌博与家庭　057

被赌博困住的不是一个人，而是整个家庭　059

什么样的家庭是健康的　061

健康家庭的几个标准　064

常见的三种赌博成瘾的家庭类型　069

做自己的父母　095

下篇

第五章　戒赌，究竟要戒的是什么　099

戒赌背后的底层逻辑　101

第六章　戒赌其实一点都不难　107

滋生赌瘾的三大助力　109

戒赌之路的三大阻力　114

第七章　戒赌的三大核心　117

认知——重建正确的金钱观、价值观　119

行为——远离赌博这个坏习惯　123

支持——建立和谐的家庭支持系统　153

目录

第八章　债务处理 157
　　债务不仅仅是金钱债 159
　　关于债务的其他问题 165

第九章　关于戒赌疑问的解答 167
　　关于戒赌的疑问——本人篇 169
　　关于戒赌的疑问——家人篇 176
　　关于戒赌的一些其他问题 180

参考文献 182

上篇

第一章 赌博的历史

人类的赌博历史可谓源远流长，甚至可以追溯到文明产生的早期。在人类的赌博历史中，除了用动物作为赌博的玩意儿，各种赌博道具也在不停地发展，花样更为繁复。本章通过对赌博历史的介绍，带领读者认识赌博的危害。

第一章 赌博的历史

赌与博

《现代汉语词典》对"赌博"的定义是：用斗牌、掷色子等形式，拿财物做注比输赢。但事实上，"赌"与"博"最初的含义并不相同，现代所讲的"赌博"是从"博"引申而来的。

《说文解字》载，"博，局戏，六箸十二棋也，古者乌曹作博"。"博"指"六博"这种博戏（如图1-1所示）。两人对坐，用六黑六白共十二棋相博，掷骰行棋。但后来这种棋局渐渐被改变，专掷骰而不行棋，变成一种以掷采定胜负的博戏。

图1-1 棋类游戏"六博"图

"赌""博"被并列使用，最早出现在唐宋时期。从《唐律疏议》的"博戏赌财物"到苏轼的"城中有开柜房者百余户，明出牌榜，召军民赌博"和晏殊的"家住西秦，赌博艺随身"，可以看到"赌博"的使用逐渐定型。

以现代的眼光重新审视"赌博"，有学者将其分为广狭两种，狭义的赌博以营利为目的，广义的赌博还包括不以营利为目的的各种赌博活动，即不正当的娱乐活动，这时赌注仅仅是刺激赌博者兴趣的一种手段。

从古至今，我国也出现了很多不同形式的娱乐性的赌博活动。先秦两汉时期，除了弈棋，赛马、斗鸡、走狗（如图1-2所示）等都很盛行，足球的前身蹴鞠（如图1-3所示）也已出现。《史记·孙子吴起列传》就记载了战国时期"田忌赛马"的故事，这可能就是"赌马"的雏形。而《左传·昭公二十五年》也生动记载了季氏和郈氏斗鸡的故事：季氏将芥子粉涂在鸡翅膀下，让郈氏"为之金距"的鸡无法睁眼，最后凭借此"战术"将其击败（如图1-4所示）。唐宋时期，叶戏、捶丸、斗蟋蟀（如图1-5、1-6所示）、打马等日渐兴盛。相传著名词人李清照就是打马的爱好者，《打马图经序》《打马赋》《打马图经命词》都是李清照留下的以打马为题材的作品。明清时期，赌博的"花样"就更多了，马吊、骨牌、压宝等数不胜数。而"国粹"麻将（如图1-7所示）更是流传至今。

第一章 赌博的历史

图 1-2 "走狗"游戏

图 1-3 被称为古代版足球的"蹴鞠"

图 1-4　斗鸡游戏

图 1-5　宋代斗蟋蟀游戏

第一章 赌博的历史

图1-6 清代斗蟋蟀游戏

图1-7 沉迷麻将的人

盛与禁

在中国的赌博史上，早在春秋战国时期，赵国的都城邯郸就已出现了专门以赌博为业的"博徒"。而伴随着赌博形式的多样化与赌博风气的蔓延，禁赌者与禁赌制度也开始出现。儒家将赌博视为"恶道"，而以管仲、李悝为代表的法家则严令禁止赌博。李悝的《法经》中规定，"博戏，罚三金"，"太子博戏则笞，不止则特笞，不止则更立"。也就是说，太子赌博是要挨鞭子的，发现一次打一次，如果被发现三次，连太子之位也要被废掉。可见当时李悝对禁赌的决心之大。

到了汉代，不少官吏因赌受罚，但诸如斗鸡等斗戏，因皇帝的提倡而终两汉四百余年不衰，禁赌较之于当时盛行的赌博风气及倡赌理论显得微不足道。唐代同样如此，《唐律疏议》中对禁赌作了详细的规定，但并没有真正执行落实。唐一代几乎所有皇帝都喜欢赌博，上行下效，官吏和知识分子宴游赌博几乎成为一时风尚。但宋朝初期，官方对赌博的处罚非常严厉，轻者罚金配遣，重者处斩。不过，到了王朝的中后期，统治者带头赌博，赌博也因此在文人士大夫和兴起的市民阶层中广泛流行。明代的禁赌举措则显得非常荒诞。一方面相关律文未依据现实制定，另一方面禁赌与禁止一切文娱活动并行。越到后期，统治阶级赌博就越不收敛，整个社会盛行赌博之风。

第一章 赌博的历史

WORDS OF WISDOM 智慧箴言 ｜ 人是一定会改变的，即使你自己不改变，总有一天，现实会让你改变。

从清代到民国，社会性质发生了巨大的转变。除了"土生土长"的赌博形式外（如图 1-8 所示），跑马、轮盘、扑克等"舶来品"也传入我国，规模庞大的赌场、赌台数不胜数，可以说赌博之风之盛、影响范围之广，先代罕见。反观禁赌措施，政府各种法规条例多有细致的禁赌规定，民间也有不少有志之士提倡、呼吁"禁赌"，甚至还出现了一些有组织的禁赌活动。赌博的"盛"与"禁"看似相互矛盾，却在当时混乱独特的社会背景下都发展到了一种高度，相伴相生。有学者因此做出如此评价：人类趋于恶的卑劣行径和向于善的美好愿望的矛盾，在赌博的盛与禁中得到了充分的体现。

图 1-8　以《水浒传》108 位好汉为灵感而设计的麻将

网赌现状

新中国成立之初，国家百废待兴，"黄赌毒"等旧社会陋习是国家一直严令禁止和打击的重点毒瘤，尤其是赌博会造成社会风气的急剧败坏，增加社会动荡和不安的因素，遗患无穷。改革开放以来，沿海城市经济日渐发达，但同时也滋生出了形形色色的赌局、骗局，让老百姓辛苦赚来的钱一夜间化为乌有，多少家庭家破人亡，更有输红了眼的赌徒杀人抢劫，对社会造成极大危害。

时至今日，伴随互联网的发展，与之前的线下聚众赌博不同，目前新型的赌博已经从线下转为线上，每天的网赌流水可以达到上百亿元！那么这些钱最终去了哪里呢？事实上，其中的大部分都流向了境外庄家的口袋，而庄家则用这些钱，去诱惑更多的年轻人成为网赌的奴隶。

据《羊城晚报》报道：2015年，广东警方破获了近年来规模最大的跨国电信诈骗案。犯罪嫌疑人开设了199个网络赌博平台，吸收参赌会员40余万人，创下月总投注额4000多亿元的惊天纪录，参赌会员一个月输掉的赌资可达150亿元人民币。

从2018年起，来戒赌的人群开始慢慢趋向网络赌博，到了2021～2022年，基本上每100个戒赌人员中，只有1~2个参与线下赌博，或者线上线下的形式都参与，而98%的人参与的是网络赌博。

网络赌博的危害远远高于线下赌博，呈现出四个特点。

第一，它带有很强的诱惑性。每个网络赌博平台里面都有精通心理学的"高人"，他们为赌博者设计的心理陷阱，让赌博的人不碰则已，一碰就很难回头。

第二，隐蔽性非常强。只要有一部可以连网的手机就能赌到天昏地暗，办个信用卡或网贷，只要一张电子身份证就能实现，而等到身边的人发现时，往往已经是赌债爆发的时候，只因本人无法蒙混遮掩，才不得不向家人坦白，这时候的后果往往已经很严重了。

第三，低龄化。"90后""00后"已经成为网赌的主要受害人群，而来到我们戒赌中心的赌博者中最小的才17岁，还是个高二的学生。赌博带来的最大危害其实并不是金钱的损失，而是整个赌博过程会让赌博者本人及其家人目标丧失、价值观扭曲、三观崩塌，甚至产生厌世情绪，这种由赌博所导致的长期的精神折磨才是对家庭和社会最大的隐患及危害。

第四，往高智商、高学历、高收入人群的方向发展。来戒赌的人员中有很多是名牌大学的毕业生、留学生、在校大学生等；职业则包括教师、医生、运动员、私营业主、律师、银行从业者等，甚至还有执法人员。网络赌博正在毒害着我们的社会，危害整个社会层面的稳定。

披着羊皮的网赌之狼

网络是无国界的,就算是在法律禁止赌博的国家,赌客们也可以很容易通过电脑或手机上网来进行网络赌博。目前活跃的赌博网站都在境外,在执法上难度很大。网络赌博利用现代通信网络与网上银行,跨越了时间与空间上的限制,所有现实中的赌博方式都能很直观地在网上再现,赌客赌起来更便利、更隐蔽。

网络赌博种类繁多,传统赌博有的,网络赌博都有;传统赌博没有的,网络赌博也有。有些网站披着绚烂的外衣,行的却是赌博的勾当。

> **WORDS 智慧箴言 OF WISDOM**
> 人生中的每件事,都要找到一个平衡点,只要这个平衡点找到了,凡事都能过去,戒赌也是一样的。

●麻将棋牌类

在影视剧和生活中都很常见的打麻将、斗地主、牌九、梭哈、21点、炸金花、跑得快、比大小、掷骰子、德州扑克等等,网络赌博中都有。

●手气红包类

手气红包乍一看是个游戏，实质却是被幕后庄家操控的赌博。很多人利用社交平台群组中拼手气红包这一娱乐功能，将传统赌博的赌大小、押数字等玩法搬到了聊天群里面。赌客们先是向"庄家"转账下注，然后通过猜"庄家"的随机红包尾数或大小来赌博。

●休闲游戏类

一些原本是供用户休闲娱乐的游戏平台，也可以成为网络赌博的阵地，例如一些将捕鱼游戏赌博化的平台。

●体育竞技类

参与者众多的博彩项目，比如足球、篮球、高尔夫球、百米赛跑、赛马、赛狗甚至西班牙斗牛等，都可以在网络上进行。参赌人员可以赌参赛选手或参赛队伍间的输赢、名次，也可以赌进球数、进球的单双数、净胜球数等，玩法众多，还可以不断加码加注，一场比赛可以赌的点不计其数；现在还有电子竞技竞猜，也是赌博者极易陷入其中的一种赌博项目。

●金融走势类

这种网络赌博往往以金融市场，如货币、股票、期货市场的走势和波动作为赌注对象。如赌中国股票沪、深两市在某一特定的时间内能否突破某个指数，或赌某一只股票在某一特定时间段内的涨幅程度。

赌博众生相

案例一　开发游戏，坐庄牟利

云南昆明一 IT 行业的程序员，曾参与过市面上多款网络游戏编程，在业内小有名气。一次偶然间，该程序员结识了几个开设网络赌场的人，一来二去就被邀请参与他们的网络赌博游戏。

参赌过程中，该程序员发现，赌博后台可人为设置程序，操作控制输赢，快速牟利。于是，该程序员迅速注册了一个网络科技公司，并招聘团队开发了一款网络棋牌游戏（赌博网站），条件成熟后便正式投入运营。小有成效后，他开始不断利用员工信息先后注册多家同类型公司，招募代理，牟取暴利。仅用两年多的时间，便拥有 541 个代理、3 万多个玩家并获利千万余元。

● 事业有成的程序员，为何偏要设立赌场？

对于新奇事物或新奇现象，人都有强烈的好奇心。事件中的程序员尚未接触赌博时，会认为玩玩也没事，这也是许多赌博受害者最初的想法。不同的是，接触赌博后有些人选择做赌客，有些人选择做庄家，事件中的程序员就选择了后者。

参赌、设赌的人，多数智商都比较高，也就是我们常说的"聪明人"，因为聪明,所以难免产生走捷径"智取"的念头,用一个词来形容就是"知障"。这指的是知道(懂得)越多,有时明白的事反倒会给你设置障碍。不可否认,案例中的程序员第一次接触赌博就能想到掌控游戏变相挣钱,确实算是个"聪明人",但这个想法如果建立在危害他人、危害社会的基础上,那就相当于打开了监牢大门,预定了牢饭。

案例二　外快网站,赌博诈骗

一天,王先生收到一名女子的好友申请,声称能为他提供一个刷单赚钱的机会,想挣外快的王先生心动了,遂根据女子提供的链接下载了一个APP,并充值38元升级账号成为会员。随后,王先生依派单员要求,3分钟内花15元投注"大",完成了第1单,账户余额很快增加,这让王先生相信了该软件的真实性,开始操作第2单。这单因超出时限,过程不太顺利,不过王先生按对方提示进行补单,又净赚几百块,这下王先生彻底放下戒心,决定操作大单。最后,在对方"下单失误""需高倍金额补单""信誉分不足""开通大额提现通道""缴纳保证金"等借口下,王先生最终损失53万元。

● **刷单兼职如何演变成赌博骗局?**

这是以刷单为幌子的复合型网络赌博诈骗方式。通过"刷单躺赚"的诱饵,引导一些想拥有新收入渠道的受害者入局,而后链接赌博网站,提示受害者通过押大小、买单双来操作单子。这与网络赌博的形式、玩法大同小异,实际上就是为网络赌博披上了刷单的"外衣",最后捏造各种"无法提现"的说辞,持续诱导受害者加注解锁"提现门槛",让受害者蒙受大额的金钱损失。

网络赌博正以更多的渠道、更新的形式出现在大众视野里,聊天软件是惯用的工具，私加好友是一贯的手段，大额回报是引诱的伎俩，当他们步步为营，而你步步入坑时，玩转心理学就是他们的终极套路。事件中的王先生，在诈骗团伙精心准备的"网聊骗赌三件套"下顺利踏进赌池，而后进入"心理圈套"，在赢利的"正效应"下迷失理智，逐步被损失的"负效应"套牢。在犯罪分子严密的部署下，"奉上钱包"成了王先生的选择。请各位谨记：陌生好友来相加，声称暴富皆有诈。下载链接别轻信，赌博骗财不会假。

案例三　投资理财，财却离开

一天中午，宁波的吴女士接到反诈专线电话，被提醒可能正在遭遇诈骗。起初吴女士坚定地认为自己没向陌生人汇款，是出于正常投资在下注，没被骗。民警遂赶赴其家中询问，经了解才知道，吴女士近期下载了一款用于投资赚钱的彩票 APP 和一个有"投注导师"在线指导的即时聊天 APP。彩票 APP 先送彩金并提供赢利，被麻痹的吴女士连续充值了 1.8 万元，随后却因平台罚流水的缘故，显示"投注量未达标，不能取款"。客服"点拨"加大投注额可提款，心急如焚的吴女士为尽快提现，准备再次充值 2.29 万元，还想让家人下载该彩票 APP，试图通过共同投注、互刷流水提现，幸亏被民警及时制止，成功止损。

●赌博平台如何被包装成"投资理财"平台？

赌博与投资理财最大的不同点，在于它是经过概率设计的猜测游戏，随着投注时间、频率的增加，赢的概率会逐渐降低。但对投资理财缺乏概念的人，往往会把"能赢钱"等同于投资理财，这就促使赌博平台利用"快速挣钱，理财首选"的幌子，把赌博"换皮"成投资理财，刺激受骗者产生赌徒心理，盲目投钱。

投资理财，是在风险市场中找稳定；网络赌博，是在不确定中找确定，风险极大。把网络赌博当投资，无异于往有风险防控功能的防火墙里植入"病毒"，什么时候庄家按下入侵的"启动键"，你的财富便会成为他们的"盘中餐"。网赌换皮从不停，鼓吹回报要冷静。投资门道不理清，盲目下注掉陷阱。

案例四　温柔陷阱，"杀猪"大盘

2020年末，延吉市公安局发布了防诈骗提醒，此次举措起因是局里接到的一起报案。当天，报案人李女士称，一周前，自己在某视频平台上认识了一名"军官"网友，短短5天，二人频繁聊天，关系渐进至"暧昧阶段"，李女士感觉自己"恋爱"了！随着感情逐步升温，"上头"的李女士对这名"军官男友"慢慢产生了信任感。有一天，"军官男友"向李女士透露，自己通过某个期货交易所的软件赚到了不少钱，表示想跟她一起挣钱。李女士脑袋一热，应允了这份情利双收的"好事"，在"军官男友"的一步步指导下，输入各种私密的个人信息，最终被骗4.3万元！

● 遇到"线上交友"，如何鉴别是否为"杀猪盘"假象？

这种骗术有个专业术语叫作"杀猪盘"，其中，被骗者就是"猪仔"，"杀猪盘"的起点是"被包装"的骗子们：生来面容姣好，身材亦不普通；人均有房有车，起码月入几万；言语极具素养，充满文化气息；赞美夸奖不断，对你惺惺相惜。他们通常都会打造出"身家虽然优越，却感人生无味"的孤独者形象，让屏幕另一端的受害者误以为"他们对我的孤单感同身受"。这个骗子群体不愿做的事，只有一件：见面。所以，当你认定的"网恋男友（女友）"

绝口不提或频频找借口拒绝见面，又想打你钱包的主意时，那你可要开始小心了，说着甜言蜜语的"男友（女友）"即将化为口蜜腹剑的恶魔，设置步步陷阱引你跳进"杀猪盘"！在诱赌"杀猪盘"中，骗子们也会打着带你发财的幌子，诱惑你掏出金钱，并让你从尝到小甜头开始，一步步投入巨额金钱，成为骗子的囊中物。

案例五　好赌负债，变身赌代

2018年夏日，足球"世界杯"的开赛让炎热的天气又添了一层热度。本是球迷的张某，在这一年接触到了赌球平台。短短时日，张某即从几十元、几百元一注的损失，演变到输掉一大笔钱。不甘心的张某，开始想着法子把钱从平台拿回来。不久之后，张某挖到了一条"生财之道"——化"被动"为"主动"，成为网络赌博平台的代理。他迅速联系客服申请了代理资格，而后开启了发展赌博会员的"宏图大业"，还不惜请熟人帮忙刷活跃度，直接或间接迫害身边人变成赌徒。不到一年时间，张某便从中获利46万余元。可惜法理难容，最终张某以涉嫌开设赌场罪被追究刑事责任，锒铛入狱。

- **关于网络赌博平台的代理**

网络赌博平台代理的普遍现状，是"10个代理8个赌，剩余2个疯狂赌"。如此模式化、扩散化的代理圈子是怎么出现的？该群体一般都是从赌博负债者转换成赌场代理人的。身为一名势单力薄的赌博者时，他们无力对抗庞大的平台，输在赌桌上的巨额款项，在某个时刻就会引燃不甘心和贪心的欲望之火，于是，一条"黑色职业链"浮出水面，负债者化身网络赌博平台的代理，继续游走于众多社交平台（论坛、视频评论区、群组等），等待走投无路的"赌鱼"上钩。

我国法律规定中适用于赌博代理的条文主要有"以营利为目的，聚众赌博或者以赌博为业的，处三年以下有期徒刑、拘役或者管制，并处罚金"。创造出爆款缩写梗"YYDS"（永远的神）的知名游戏主播"山泥若"，就因任网络赌博平台的代理，且通过各直播平台及游戏论坛、赛事贴吧等形式推广发展会员注册、充值、赌博等行为，于2021年年末被判处有期徒刑3年并处罚金5万元。网络赌博平台的代理的最终下场只有一个：触犯法律，获罪伏法。

案例六　直播斗蟋，娱乐变赌

斗蟋蟀，我国民间搏戏之一，始于唐，兴于宋，传于今，文化历史悠久，具有浓厚的艺术色彩。不过，斗蟋蟀虽是一项娱乐活动，但一旦沾上金钱就变了味儿。混迹斗蟋圈多年的姜某，深谙蟋蟀的生长习性和培育方法，丰富的专业知识也给姜某创造了人脉。岂料新冠肺炎疫情暴发，线下事业链受影响，着急头疼的姜某便开设线上直播平台，把斗蟋蟀从线下转移到了线上。他招揽草师、裁判、操盘手，从控制蟋蟀到宣布输赢，全盘操纵，同时借由直播发展线下代理增加盈利。这些代理基本都是投过注的斗蟋蟀爱好者，企图通过拉人获得返点继续赌博。这个"完善"的团队在短短3个多月时间里，就吸揽了高达4000多万元的投注额。犯法被抓后，姜某被判处有期徒刑4年6个月，处罚金10万元人民币，他的代理也依情节被量刑。

● **斗蟋蟀赌圈的发展**

娱到赌往往一线之隔，原本仅能在秋天供人玩斗的蟋蟀，在人工养殖的推力下，逐渐成为下注的筹码。玩物丧志多有之，许多赌徒开始借之求胜、设赌。蟋蟀则被日常叫价，赌注规模越升越高，所有以此为赌的赌博者都在绞尽脑汁遍寻制胜"宝蟋"。靠激素和强化肌肉方式人工养殖的蟋蟀"白虫"应运而生，它们身体灵活、斗性昂扬，还能四季产出，不再受限于秋季短短100天的"出场时间"，于是被来回转手倒卖，彻头彻尾变成赌博"道具"。如今，政府正对"斗蟋蟀"之势严加管制，每个斗蟋蟀的"赌场"都是打击的重点，屡下重注"支持"这一不良社会风气的赌博者也处在被监控的行列，目前已有许多设赌、参赌团伙被端，新闻资讯一查可见。

案例七　骗钱为赌，终被逮捕

　　年纪轻轻的付某，银行工作稳定，原本生活踏实而平静，岂料他偏要险中求财，欲从网络赌博中淘金。自2021年1月起，付某便一发不可收拾，终日沉迷网络赌博，前后陆续输掉300余万元人民币，掏空积蓄、借遍亲友仍无法"实现"通过网赌不劳而获的欲望后，付某动起了小心思……毕业后多年未见的同学吴某成为付某的目标。微信上，付某捏造父亲过世、抚养子女急需资金等理由，以"借"的名义，从毫不知情的吴某处取得了7万余元人民币的赌资。钱款到账后，付某随即翻脸不认人，吴某多次催促还款未果，还被其从微信通讯录、电话簿中拉黑，无奈的吴某最终只能选择报案。2022年3月，付某被当地人民检察院批准逮捕。

● **付某欠钱不还被捕的依据是什么？**

　　债务人在无能力偿还借款的情况下，隐瞒实情、编造谎言，致使被借款人产生认知误区、判断失误达成借款目的，企图"非法占有"被借款人钱财的，已构成"借钱不还"型诈骗,即借贷式诈骗。付某在吴某多次联系后不肯偿还借款,并索性把对方的联系方式全部拉入黑名单的做法,是故意拒不偿还的表现,涉及的金额加上不当的行为,已构成涉嫌诈骗罪的条件,因而被捕。

案例八　无意参赌,卡被冻结

小张万万没想到,银行卡被冻结这种稀有的事儿,有一天竟会被他给碰上。事情是这样的:小张与银行工作人员发生纠纷,协商不成的情况下,小张报警,声称"银行工作人员刁难我,不让我取钱,还把我银行卡冻结了",请求民警前来处理。接到报案,民警立即前往展开详细调查。一番细致的排查后,民警首先排除了小张"两卡"犯罪的嫌疑,而后查询了小张近来的持卡交易记录,发现自1月起,小张通过被冻结的银行卡给一账户累计转账3万余元。随后民警询问此事,小张交代是充值金币,玩手机斗地主、斗牛及其他棋牌游戏用的,中间还盈利过数千元。至此,民警判定小张参与了网络赌博,对"一脸懵"的小张做了普法教育,同时执行行政处罚,收缴其违法所得。

● 网络赌博损失的钱财为什么很难被追回?

每年蒙受网络赌博损失的受害者不计其数,这些人当中,有自愿参赌的,也有惨遭诈骗的,他们在网络赌博里失去的钱财,都很难甚至无法被追回,为什么?有3个原因:

(1)犯罪分子的诈骗基地一般位于境外,国内人力难及,伪基站又会加大定位难度,跨境追捕成本非常高。

(2)诈骗款项被犯罪分子进行"风险管理",多账户分散收款令资金明细和个人身份难以确定,无法定性账户。

（3）我国相关法律规定，治安案件中所查获的赌具、赌资由公安机关收缴，按照规定处理。也就是说，网赌里的钱大多属于赃款，在知晓赌博本质后自愿充值的钱款，几乎没有追回的可能。

案例九　赌博疯狂，无关性别

广西一则报道称，贺州某学校一名女老师宋某利用职务之便，通过微信联络学生家长，私下收取了130余名学生的学杂费、伙食费等费用，累计收费高达138万余元。在警方的讯问下，宋某如实交代了挪用学生款项的缘由。宋某称，此前自己迷上了网络赌博，并为此欠下高昂的债务。为缓解债务压力，同时为"翻本"提供资金，宋某便把主意打到了学生身上，以代缴的名义收到款项后，私自挪用偿还了一部分赌债，并将剩余的钱"扔"进了网络赌博，最终以"全数输光"收尾。

● 女性赌博者为什么感觉很少见？

提到网络赌博，人们脑海中会自然而然形成一个"刻板印象"，认为男性赌博者从人数到上瘾程度，均高于女性赌博者。事实上并非如此，女性在网络赌博人数和成瘾深度上并不低于男性。

女性赌博者存在4个特征：

（1）职场、生活压力过大或经济需求迫切的女性，更容易对网赌好奇和上瘾。

（2）女性赌博者更容易因信任获得赌资，且对损失的精神承受能力更低，极度恐惧损失带来恶果时，挥金如土的"魄力"比男性更强。

（3）女性赌博者更易因沉迷网络赌博产生负罪感和羞耻感，不愿及时求助戒赌，从而加重赌瘾。

（4）女性赌博者因赌被放弃的概率远高于男性，对人生失去信心时，陷赌的时间会更长久。

广西女老师挪用138万余元代缴费用作赌资，杭州小区纵火案主犯女保姆实为赌徒等事件，都在向我们传递一个事实：网络赌博对女性群体的危害不容忽视！

延伸阅读　做兼职误入赌博深坑

晓雯是个文静秀气的女孩，大学刚毕业，有着一份稳定的工作，想投资理财赚点零花钱，结果却被骗了10万元。晓雯不敢把被骗的事告诉家里，靠工作一下子又赚不到那么多钱，于是萌生了做兼职赚钱的念头。正当晓雯在兼职群里浏览信息时，群里一个人告诉她可以刷单兼职，一下就吸引了一心想赚钱的晓雯，她一点儿也没意识到这是个赌博陷阱，就这样一步步被带了进去。带晓雯刷单的叫作代理，他们会不停地找人做所谓的兼职，且将兼职吹得天花乱坠，说这是上市公司的业务、是合法的，兼职的人只是帮忙刷刷流水，以此获得共赢。群里还会有"导师"教晓雯怎么做：网站会先送你16元，然后你要用36元去试，输了也不要紧，会赔给你；之后加码到500元，如果输了也会赔给你，但赢了就是你自己的！后来加码到2000元时，晓雯的2000元全部输完。紧接着"导师"又让她充值1万元，结果晓雯又输掉大概3万元。晓雯最多的时候曾赢过9000元，这让她无法克制想要"翻本"的念头，导致她最终竟输掉

了将近50万元。对于一个工薪阶层的家庭，50万元实在是个不小的数目。警惕啊，刚入社会的"职场小白"们，对于凡是不需要付出劳动而获得的财富，一定要慎之又慎，以防误入赌博的深坑。

（文中晓雯为化名，案例来自侣国旗戒赌中心学员）

第二章 赌博是病吗

根据《中国精神障碍分类与诊断标准（第三版）》(CCMD-3)的定义：赌博成瘾为冲动控制障碍之一，也被称为"病理性赌博症"，系一种心理疾病。

本章探讨赌博行为的两种分类——娱乐性赌博和病理性赌博，以及赌博成瘾的六个阶段。

第二章 赌博是病吗

你的赌博行为是娱乐性的还是病理性的

上一章中,我们简单回顾了中国古代及近现代的赌博历史,可见赌博行为流行于民间,即使到了现代,逢年过节,亲朋好友也会聚在一起斗地主、打麻将,或是玩一些其他当地的牌类游戏等。甚至在某些省市,麻将活动会遍布大街小巷,成为一道独特的风景线,而众多线上的传统棋牌类游戏,也吸引着很多人来消磨空闲时间,过程中也不免涉及金钱的进进出出,于是有人会问:难道这都算是赌博成瘾吗?都需要治疗吗?

事实上,赌博行为分为娱乐性和病理性两种,如果被诊断为病理性赌博,那就是赌博成瘾的心理疾病,需要通过专业的干预进行戒断。以下梳理的赌博成瘾的六个阶段,可以帮助大家区分不同的赌博行为究竟是属于娱乐性的还是病理性的。

赌博的六个阶段

赌博成瘾是一个过程,"一入赌门深似海,何时方知回头路。"赌博这条路到底有多长,赌博者已经在哪个阶段了?让我们一起来分析一下赌博成瘾的六个阶段。

赌博的六个阶段为:娱乐阶段、试水阶段、上瘾阶段、变质阶段、失控阶段、黄昏阶段,其中娱乐阶段和试水阶段皆属于娱乐性赌博,后面四个阶段则属于病理性赌博,我们接着来逐一说明。

第一个阶段,娱乐阶段。比如说,两个人打篮球,一打一,谁输了给对方买一瓶饮料;再比如说,过年过节了,家人朋友凑在一起打麻将,带点儿小彩头。这些行为都只属于"娱乐阶段",算是赌博吗?也算是赌博,但仅仅只是娱乐而已,不会对我们的生活造成任何负面影响。

第二个阶段,试水阶段。比如说,世界杯开赛了,周围的很多朋友、同事都会买球,就算是平时完全不看球的女同事可能都会买上几十块钱的彩票当作娱乐。但这种行为可能仅仅就是为看球增加一些乐趣而已,通常还会赢点小钱,与结果相比,大家更加在意过程,并不会成瘾,也不会把自己的行为认定为赌博,甚至对赌博还会有一些排斥感。不过要提醒大家,来我们中心戒赌的学员中,很多都是从赌球开始的,美其名曰:下点彩头看起球来更有劲!

第二章 赌博是病吗

第三个阶段，也就是上瘾阶段。世界杯结束了，大多数人就会停止博彩行为，但是有一部分人，觉得这个事挺有意思的，可以再继续尝试，尤其是在之前的过程中赢到一些小钱的，那种愉悦感和刺激感，往往会让人难以忘怀。于是他们继续尝试，接触多了之后，反复受到赌博的刺激，尝到了赌博的甜头，就会不自觉地增加赌博次数，甚至会错误地认为自己已经掌握了赌博的技巧，总幻想着不劳而获。无形中，赌博的次数变多了，赌注也会越来越大，价值观也开始逐渐崩塌。

拿赌球举例，以前赌一场比赛，出结果至少要 90 分钟，慢慢地，这种等待已经不能满足这类人的欲望。于是他们开始赌在更短时间内容易出结果的博弈，赌下一个角球、赌下一个进球，在整场比赛中，会有无数次可以参与赌博的点。赌注越变越大，理性就越来越少，紧接着便开始寻找其他更快更刺激的赌博方式，也就是在这个时候，赌博者其实已经开始步入病理性赌博的阶段了。而这个阶段恰恰也是戒赌的最佳窗口期，所以奉劝还处于这个阶段的朋友们一定要趁早收手，若能在这个时候戒赌，赌博对我们来说还没有造成重大的负面影响。

> **WORDS 智慧箴言 OF WISDOM**
>
> 起了赌博的念头并不可怕，因为在这个阶段其实还是可控的，但是一旦产生了具体行为，就变得不可控了，所以在念头和行为之间，你需要一个屏障，这个屏障绝对不只是意志力。

第四个阶段，是变质阶段。在这个阶段，欲望之门已经完全被打开，企图通过不劳而获获取利益的欲望充斥着内心，人变得贪婪而痴迷。这时陷入赌博的人总幻想着一个月要赢多少钱能抵过打工 10 年，而当成功赢到一部分钱之后，欲望又会进一步膨胀，永无止境，成为赌博受害者"想要赌博"时最坚不可摧的动力。在来戒赌中心的很多赌博者里，有相当一部分属于工作稳定、在社会上被羡慕的人群，包括公务员、医生、老师等，但是当他们接触了赌博这个毒瘤后，原本的工作便一下子变得毫无吸引力：一个月辛辛苦苦工作，还不如手指轻轻点一点（网络赌博）。他们内心的天平就这样倾斜了，以往所有的价值观和金钱观也随之被彻底颠覆。在这个阶段，赌注会继续加大，赌博时间也会越来越长，赌徒会完全否定劳动价值，无心工作，通常也会输掉自己的积蓄，可能是几十万元甚至更多。

第五个阶段，**失控阶段**。陷入赌博的人输掉了积蓄肯定会不甘心，但是自己又没钱了，怎么办呢？只有借钱，这就慢慢步入了失控阶段。借到钱之后为了把以前输掉的钱尽快赢回来，赌博者会继续加大筹码，于是债务越来越多，窟窿越来越大。而为了填补缺口，他们又不断地编织谎言去借钱，借遍了朋友、亲人，希望短时间内赢回所有，完全不计后果的做法，导致情况进一步恶化。最后，外面的债务终于用家人花费了一辈子时间辛苦打拼来的积蓄还清了，赌博者跪在地上声泪俱下地说自己再也不赌了，可很快，已经无法自拔的赌徒赌瘾发作，一转头把承诺忘得一干二净，就这样不断地在家人还债与复赌之间轮回。

第六个阶段，**黄昏阶段**。其实到了这个阶段，很多赌博者的内心是充满悔恨的，但他们又控制不住自己的行为，一旦手里有50元、100元，即使不吃饭，也要去赌一把，输光之后又回到悔恨的状态里自暴自弃。这个阶段的人会产生轻生厌世的念头，因为一旦到了这个阶段，便已是走投无路，负债累累，家庭也大多支离破碎。在绝望中，部分赌博受害者会走上犯罪的道路，开始危害社会的稳定性；而另一些人则过着吃一天、饿三天的日子，不是在赌局中，就是在到处想办法筹钱的路上，直到最后，连别人一丝同情都得不到，只能行尸走肉般地活着。

如果你本人正沉溺赌博，那就对照着上述内容看一下，现在的你正处于哪个阶段？别害怕，即便你已经走到了第六个阶段，只要你想彻底改变，此时戒赌依然不晚。一生短短几十年，难道你真的甘心因为赌博而提前失去生命的意义吗？

思考与练习

以下表格可以帮助大家测试自己的赌博依赖程度：

请你仔细阅读以下描述的每一项，根据自身的实际情况如实填写。	选项	
1. 你是否从开始的好奇、追求好玩、刺激、喜欢这种不确定性的过程，逐步变得更加在乎结果了？	是	否
2. 你的赌注是否在不断增加，以求获得你希望的刺激程度或者达到你的目标？	是	否
3. 你是否曾经想控制、减少或停止赌博，但是总能找到一个理由再次说服自己回到赌局中？	是	否
4. 当你下定决心减少或者停止赌博时，是否感到焦虑、不安、易怒或空虚？	是	否
5. 你是否为了逃避因赌博带来的问题或烦躁情绪（如无助感、内疚感、焦虑或抑郁）而去过度抽烟、喝酒、玩游戏，甚至吸毒犯罪？	是	否
6. 在输钱后，你是否会经常告诉自己不要怕，只是今天运气不好，明天运气好的时候一定能够赢回来？	是	否
7. 你是否曾经因赌博对家人撒谎、虚报或瞒报债务、发脾气，甚至使用暴力，还认为家人不理解你？	是	否
8. 你是否采取办理银行贷款、信用卡、小额贷款、网贷、高利贷等方式，甚至用非法手段如伪造、欺诈、偷窃、贪污来为自己提供赌资？	是	否
9. 你的重要人际关系（家庭、同事、朋友等）、工作或教育机会是否因赌博而受到影响或丧失？	是	否
10. 你是否认为赌博是公平的，是能够赢钱的，甚至把一切希望包括生命都寄托在赌博上？	是	否

赌博依赖程度的诊断标准：
回答"是"的个数：1~2 轻度依赖（ ） 3~4 中度依赖（ ） 5~10 重度依赖（ ）

第二章 为什么我会得赌博成瘾这个病

人与机器人最大的不同在于，人拥有潜意识，且潜意识不受数值控制，不被电源开关、动作指令支配，只为人的生理系统服务，同时还兼顾负责社会系统分工的意识，让你做出自己并不是很理解的事。比如，你明明知道赌博可能会造成恶果，但你还是控制不住地喜欢玩。也就是说，人之所以会有成瘾的行为，是大脑进化的结果。

　　大脑进化，会让人更加专注和沉迷于一件事情，让人自我暗示把某件事做到极致，也就是所谓的"不疯魔，不成活"。赌博同理，你与赌博建立首次联系后，随着"打怪升级"，玩得更勤、赌注更大，进而产生成瘾行为。

　　本章将为你揭开赌博成瘾的秘密。

第三章 为什么我会得赌博成瘾这个病

赌博的成瘾机制

你的"快乐开关"在哪里？

追求快乐，远离痛苦，是人性原始的本能，它就像你大脑里的一个"快乐开关"，如果用专业的名词来定义这个"快乐开关"，便是一种叫作多巴胺的神经递质（如图 3-1 所示）。我们每天都会不断与外界发生各种接触，产生各种感知，任何一种感知都会刺激多巴胺的释放。举个例子，母亲的一个拥抱、同事对你发型衣着的一句赞美，甚至一块色香味俱全的蛋糕，都会让你幸福地"眯"起眼睛，因为你的"快乐开关"被打开了，你的多巴胺在飙升。当多巴胺的浓度到达一定程度的时候，人们甚至会拥有一种超越常态的快感体验。有过醉酒经历的朋友一定有这样的体会，当体内酒精达到一定浓度的时候，人会有飘飘欲仙的感觉，性爱也会令人有这样的快感，这种快感刺激了大脑中的"奖赏中心"，形成了一个奖赏回路。

外界刺激—快感体验—奖赏满足，奖赏回路一旦形成，下次大脑就会指引我们去寻找同样的外界刺激，也就是某一个行为。简单的行为就有我们上文说的对美食、赞美、服饰的喜爱，刺激程度更高一点的有打游戏、喝酒、抽烟、约会等，比这个刺激程度更高的便有我们俗称的"黄赌毒"。对比这三者，赌博时人的多巴胺分泌可以达到另两种的数倍之多，有了这样高峰值

的多巴胺体验，必然会让人欲罢不能！有诗云"曾经沧海难为水"，意思就是你一旦见过了大海，那么其他的江河湖泊便再也难以让你觉得震撼了，用这个来比喻赌博给人带来的无法被超越的、顶级的愉悦感也是非常贴切的。当大脑体会过这样强烈的刺激后，就会非常容易成瘾。因为身体总是在渴望这些多巴胺，而正是这些多巴胺，让人产生不断下注的动力。

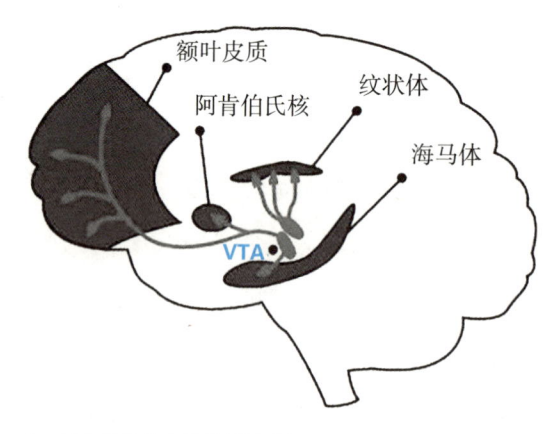

注：VTA 指的是中脑腹侧被盖区。

图 3-1　大脑中主要的多巴胺路径

还有一个真相，就是在奖励（反馈）来得出乎意料的时候，大脑释放的多巴胺会比可以预料时更多。所以在赌博中，不确定的结果更让人欲罢不能。很多赌博者都有这样的体验，沉溺赌博的时候，觉得做什么事情都没有了动力，好像每天除了赌博，对其他事情都提不起劲来，哪怕一段时间不赌了，也还是会有这样的情况。甚至，当这种低落的情绪状况到达极致的时候，赌博者又会通过复赌去找回这种刺激感。

让人上瘾的物质或经历通过大脑奖励中心不断强化的重复，在某种程度上让我们丧失了选择和自我控制的能力，最终使得所谓的自控变得困难重重。

还记得你在赌博中的"快乐开关"是什么时候被打开的吗？打开的越早，陷入赌博的速度就会越快！

让你"快乐"的东西，一定也能让你"痛苦"

如果赌博的时候到达爽点，可以产生愉悦，那为什么后面赌博带来的都是无尽的痛苦呢？

因为当时能让你"快乐"的东西，长此以往一定会让你"痛苦"。例如，美丽的女人、美味的食物和阿谀奉承的话语可以让人立即有一种快乐的感觉，但长此以往却会带来不好的后果：过度关注外表会令人忽视其他更重要的方面；过度进食会使人发胖，危害健康；而好听的话易使人迷失自我，脱离现实。

《道德经》有言："五色使人目盲，五音使人耳聋。"更重要的是，**人对快乐的需求会慢慢变大**，这是生理和心理的双重作用，也就是说人们拥有快乐的门槛会不断提高。如果你想保持同等快乐的感觉，大脑就需要不断接收外界刺激，这就是为什么人抽烟会越抽越多，喝酒会越喝越多，爱购物的人，每次的消费金额也会不断增加。再比如赌博下注，从一开始的下注100元都心跳加速，到后面慢慢地下注几千元、几万元、几十万元都毫无感觉，尤其是现在网络赌博盛行，金钱在网络里变成了一个数字，等赌博受害者回过神来，巨大的经济损失已经造成，痛苦随之而来。

科研人员曾做过这样一个实验：在小老鼠脑中安装一个电极，让小老鼠踩踏板放电，每踩一次，电极就会刺激产生多巴胺的神经元，使神经元兴奋，结果小老鼠不断地去踩踏板，以每分钟几百次的速度踩踏，直到力竭而亡……

所以说，在当下这个时代，最可怕的就是这种可以被现代技术和算法设

计出来的"快乐"的感觉。在每个网络赌博平台背后都有一个强大的运营团队，从生理和心理两个层面让你不断沦陷。不法团伙利用AR（增强现实）技术、大数据的计算功能，还有心理学高手设计的心理陷阱，让人一旦接触，就很难再脱身。

大脑进化，让你赌博上瘾

人与机器人最大的不同在于，人拥有潜意识，潜意识不受数值控制，不被电源开关、动作指令支配，只为人的生理系统服务，同时还兼顾负责社会系统分工的意识，让你做出自己并不是很理解的事。比如，你明明知道赌博可能会造成恶果，但你还是控制不住地喜欢玩。也就是说，人之所以会有成瘾的行为，是大脑进化的结果。

大脑进化，会让人更加专注和沉迷于一件事情，让人自我暗示把某件事做到极致，也就是所谓的"不疯魔，不成活"。赌博同理，当你与赌博建立首次联系，也就是在赌博中拥有了"平等"的关系，即你认为你与每个赌博者的机会、运气都平等时，你就会开始向往成为赌博场上的"英雄"和"王者"，为了实现这样的"角色加成"，你就会开始"打怪升级"——玩得更勤、赌注更大，进而产生成瘾行为。

上瘾并不是因为喜欢

很多人对成瘾原因的误解根深蒂固。例如，许多人会自然地认为，喝酒的人不肯离开酒桌，是因为"喝酒的感觉太好"；赌博者沉迷于赌博，是因为"想以小博大"，享受这个过程中的刺激感。但事实是：上瘾并不是因为喜欢，

第三章 为什么我会得赌博成瘾这个病

而是为了逃离某种痛苦。

科学研究发现，引发人类成瘾的并不是某些物质或行为本身，而是在特定的环境或场景下，触发了某种行为，这种行为恰好能够逃离当下的痛苦，带来一种相对的快乐，从而让人误以为喜欢这种行为。从这个角度来说，并不是因为这些物质或行为有多么特别，而是因为它能帮助人们逃离一些更糟糕的感觉——它在人们与某种痛苦的情绪之间设置了一个"隔离区"，让人们可以暂时脱离眼前的痛苦。但久而久之，这个隔离区就变成了人们应对人生困境的选择，上瘾随之而来。

驱使我们上瘾的不是快乐本身，而是我们迫切希望逃离不舒服的体验的心理。无论这种不舒服究竟是什么，只要某种物质或某种行为能帮助我们摆脱它，就会有人过度使用，直至上瘾。

所以，上瘾的根源来自某种心理痛苦。

> **WORDS 智慧箴言 OF WISDOM** ｜ 外界的刺激的确会让人产生赌博的冲动，但你要知道，这些刺激、不安与恐惧恰恰就是赌博带来的。

我的行为算上瘾了吗？

人无法抵挡一种短期内可以满足某种心理需求，但就长期而言却会造成严重伤害的行为，叫作行为成瘾。

喜欢跑步、喜欢美食，甚至喜欢打游戏，只要不上瘾，便没有坏处。上瘾是一种对难以摆脱的有害经历的深切依恋。比如为了追求微信朋友圈步数

第一而无休止地跑步，结果给身体带来伤害，这就叫作运动上瘾。

依据这个标准来判断一下，你对赌博上瘾了吗？

在这里又不得不提一下多巴胺，它的运行机制是这样的：

（1）一开始，大脑把多巴胺的大量分泌理解为一种快乐的体验，乐见其成。

（2）但很快，大脑会对这种大量分泌产生恐慌，将其判断为不良行为，于是"命令"多巴胺减少分泌。

（3）结果是，人们对记忆中多巴胺的高峰体验念念不忘，要找回这种体验唯一的方法就是增大刺激量，比如用更多的钱、花更多的时间去赌博。

（4）从刺激到高峰，到被大脑抑制，再到接收更强的刺激，几次反复下来，大脑的耐受性变强，每一轮高峰之间的低谷变得越来越低，多巴胺生成的区域开始进入静默状态，静待下一轮刺激的光临。

由于多巴胺分泌实在是太让人愉悦了，大脑便做了两件事：一方面，它会"命令"多巴胺减少分泌；另一方面，当快乐的来源消失，它又会发出指令，获取更多的刺激，也就是我们所谓的"瘾头上来了"，而每一轮刺激过后，大脑产生的多巴胺也会越来越少，不得不去渴求更高的刺激。

在上一节中，我们已经知道了上瘾可能并不是因为喜欢，而是为了逃离某种痛苦，比如当你因为工作或生活感觉到焦虑或抑郁时，你在毒品或赌博中获得了暂时的解脱，你就可能对它们产生依赖，当这种依赖慢慢成为你解决问题的唯一方法时，你就会对它们上瘾；所以，<u>上瘾不仅仅是你生理上的反应，它也是你对相关身体体验的心理习惯</u>。

一旦这种反应变成了习惯就非常可怕，比如无聊的白领借助赌博寻求现实世界里没有的快感时，他就会上瘾。

回想你在赌博中的体验，哪种是你在以前生活中未曾有的？哪怕你痛恨

第三章 为什么我会得赌博成瘾这个病

赌博毁了你的生活，但你的大脑却仍然渴望赌博，因为它记得赌博是如何安抚你的心灵的，所以这种渴望被保留了下来。因此，戒赌治疗需要辅以系统专业的心理咨询，找到真正让你上瘾的心理原因。

延伸阅读 被网赌困住的大学生，未来该怎么办？

以 QQ、微信、微博等为首的社交媒体，连接与社会仅有一步之遥的大学，两大领域互相交融，成为近年来网络赌博平台试图掌握的"流量密码"。基数庞大的大学生群体，年纪轻、阅历浅、社会经验缺乏、警惕意识薄弱，是各大网络赌博平台逐步攻克的"新大陆"。近年来大学生参赌新闻频发，便可见赌毒渗透之广，而来戒赌中心求助的大学生的比例也在不断增加。戒赌中心的统计数据显示，很多赌龄超过 5 年、10 年的重度赌博依赖者，第一次涉赌都源自大学时代。

资金有限的大学生，为何会被庄家"牵着鼻子走"？"步步为营"的庄家手段高明，以"缺钱"为突破口，从送到贷，为所有禁不住诱惑的大学生布下天罗地网，而恍惚间已是局中人的大学生，痛苦、焦虑、迷茫，他们的未来将何去何从？

来戒赌中心求助的小严是某重点高校的一名大四学生，他向我讲述了自己的赌博经历。跟很多参赌的大学生一样，小严从忙碌的高中生活一下子进入到可以自由支配时间、支配金钱的大学，于是开始疯狂地玩手机进行"报复性娱乐"，也就是在这个时候，他无意中接触到网络赌博。网络赌博平台深谙人性的猎奇心理，研究出了一套基本的"诱导模式"：比如无时无刻弹出的小广告——也许只是一张闪动的"美女真人图"，或是一条诱人的"奖金池数目"信息，抑或是一个可以"迅速到账多少万元"的网址等——就能一不小心"炸"出一个像小严一样或无聊、或空虚、或想一夜暴富的大学生，诱其陷入网络赌博的"陷阱"。

当第一步的诱导注册成功后，平台还会持续加注"诱惑"，给出"馅饼"，比如发放平台红包，引诱这些大学生沉迷，掉入更大的"陷阱"。初入赌池的小严就是这样，他想着"既然钱是平台给的，那玩一玩也没啥"。刚开始，往往都会赢钱，这是庄家故意给的"甜头""诱饵"，可随着玩的频率越来越高，输钱的概率也越来越大，于是小严开始拿出"本金"，一开始是几百，慢慢地再到几千，甚至上万元。直到小严不得不把父母给的学费都拿出来，甚至为了骗父母的钱，虚构出好多进修班，可怜望子成龙的父母毫不吝啬地把钱都给了小严，而这些钱却全都进了庄家的口袋，可仅这些，还远远满足不了庄家的胃口。大学生作为一个还没有固定收入的群体，为了填补债务窟窿，就只能想到靠赌"翻本"，一来二去，就会越陷越深，成为庄家的"网中鱼"和"砧板上待切的肉"。

上瘾之后，债务的窟窿就会越来越大，大到本人远远无法承受的结果。那怎么办呢？这时网贷就会成为他们的首要求助目标。最后，一贷还一贷，越还债越多，担负不起的高昂利息，让他们根本没机会偿还本金。就小严来说，他的债务在最高时达到近20万元，对于大学生这个群体来说，无异于天文数字，给本来前途光明的年轻人带来了巨大的压力，使其每日无心学业，浑浑噩噩，几近绝望。

第三章 为什么我会得赌博成瘾这个病

更有女大学生从此误入歧途，遗憾终生，甚至一念想不开，走上了轻生之路。

小严还是幸运的，在和父母多次坦白之后，终于在赌博持续3年后来到戒赌中心求助，终止了这条不归路。然而，还有一大部分大学生在负债累累、不得已向父母坦白后，迎来的却是指责怒骂、相互责怪，负面情绪波及了整个家庭。面对压抑的家庭环境，难以承受压力的大学生往往又会产生复赌行为，并在此后的恶性循环中，摧毁掉原本十分幸福的家庭和大好前途。

为何大学生会成为赌博成瘾的高发人群？

大学期间正是一个人从少年向成年人转变的过程，大学生离开原生家庭，需要独立解决问题，当这个问题超出他的能力范围时，他会感到迷茫、困惑、痛苦，为了缓解这种痛苦，他也许会寻求其他途径来"逃离"。

中国很多家庭的孩子，在上大学之前被父母呵护备至，只需要学习，成为典型的"草莓族"，外表光鲜，内心软弱，不堪一击。进入大学后，父母突然不在孩子身边，很多孩子根本还未形成正确的价值观、金钱观，就要开始自己面对这个繁复世界的种种现实，面对诱惑不知道如何抵抗，面对困境也不知道如何处理，就会导致误入歧途。当然，目前社会上一些非主流价值观的引导，也是毒害年轻人的一大推手！

当前，大学生参与网络赌博的人数日益增长。赌海深不可测，大学生们正值奋斗的大好时光，若不远离赌博、及时戒赌，未来，他们将难以在社会上生存立足，债务也会滚至无法还完的地步，而家庭则长期处于水深火热之中，就这样，把一辈子都交代在了"赌博"上。

在这里，我想劝告当代大学生：如果感觉生活无趣，不妨尝试培养正向的兴趣爱好，如写作、锻炼、绘画、摄影或做公益。金山银山再诱人，也要脚踏实地去争取，一定要杜绝赌博恶习，不要让赌博毁掉自己，毁掉家人。对于那些还沉溺于赌博的大学生，请你立刻回头，不要再给庄家"送钱"，也许就是你送去的那一笔1万元的赌资，让赌博平台又坑害了10个大学生。

第三章 为什么我会得赌博成瘾这个病

疯狂背后的真相——庄家如何诱你入局

其实在我们当下这个社会中，受赌博危害的人特别多，但真正能找到专业机构求助的还只是凤毛麟角。很多家庭一旦出现赌博问题，首先想到的处理方法就是隐瞒，就是想办法给赌博者偿还赌债。第一次、第二次，家人可能都还会有一个不错的态度，也会对赌博者多多少少有一些包容，到第三次、第四次的时候，这种包容可能就没有了。这个时候的赌博者及其家人就会进入一种恶性循环里：只要赌博者继续赌博，家人肯定会指责和埋怨他；而只要家人这样做，他很可能就会因为这种指责和埋怨，再次跌入赌博的深渊。

从 2016 年开始，参与赌博的人群就开始从线下赌博慢慢往网络赌博转变，近 5 年来，来到戒赌中心求助的网络赌博者已经占据 98% 以上的比例。接下来就给大家揭秘网络赌博平台的庄家是如何一步步诱你入局的。

网络赌博跟传统赌博完全是两码事。比如说，传统赌博时 4 个人坐在一起打牌，如果有人做假，这个人作假的目的是什么呢？一定是让自己赢钱。而网络赌博不一样，网络赌博作假的目的是什么呢？**庄家不是为了自己赢钱，而是为了让参与的赌博者能够赢钱。**就传统的赌博而言，一般大家都相互认识，你来我家或者我去你家，又或者给你打电话，一次不来、两次不来，三次五次，你总要给面子来一次，给一次面子就可以骗你点钱。但是网络赌博不一样，网络赌博时我们根本不知道庄家是谁，完全不用顾及面子的事，想去就去，不想去完全可以不去。那赌博庄家是如何做到让你心甘情愿参与其中的呢？他唯一的办法就是让你赢钱，作假的目的就是为了让每一个赌博者都能够赢钱，最后越陷越深。

赌博者刚开始玩的时候，可能什么都不懂，也没有想要通过这个东西来改变命运，只是觉得好玩、新鲜、刺激。这时候不会充值太多，最多几百块，小打小闹，甚至不知道该怎么去押，押小还是押大，是哪几个数字，就是在这种什么都不太清楚的时候，随随便便买了几把，结果竟然还赢了一点小钱。其实这个时候赌博者也不会有什么太大的感觉，但等到真的提现的时候，他真的把赢来的这几百元钱转到银行卡里的时候，就会有一些感觉了。他会认为互联网上虚拟的东西是真实的，是真给钱而不是开玩笑，赢了就是可以拿到钱，感受到了切切实实的喜悦和收获，于是就会对它产生一种兴趣。当赌博者有了兴趣以后，就会愿意拿出更多的时间、更多的精力去研究它，之后则随着时间的增加，次数的增多，他开始不断地在这个过程中去寻找规律，总结经验。随后，当赌博者寻找到一些规律、总结了一些经验之后，便开始依照着自己的经验和所谓的规律买注了，而此时所买的注，可以说十有八九都是正确的。这个时候的赌博者就会自然地认为这个东西不是很难，是可以找到一定规律的，就会产生更大的自信，一种觉得自己能够赢过庄家的自信，也正是当这份兴趣和自信产生以后，赌博者才在赌博庄家那里成为一个准赌客，庄家才开始真正地对其进行一环扣一环的捕杀，把其彻底拖向赌博的深渊。

第一环　信息调查

庄家会去详细调查所有与赌博者本人相关的私人信息：赌博者的职业是什么、一年能赚多少钱、名下有没有固定资产、父母是做什么的、父母一年赚多少钱、父母名下有多少固定资产等，他们会把赌博者的家庭经济状况了解得非常清楚。了解这些的目的就是为了定一个上限，实际上每一个赌博者在庄家那里都有一个上限，就是这个上限决定了庄家会让赌博者赢多少钱。同时，庄家所设定好的让赌博者赢钱的数目，一定会让其感觉不是一个小数目，兴奋的同时又感觉不到满足，这样，庄家就能牵着赌博者的鼻子向前走了。那么这些事都是由谁去干的呢？在每一个赌博庄家背后都养着一帮高级黑客，黑客是用来专门攻击赌博者个人隐私的，普通人的信息在黑客眼里其实什么都不是，非常容易被掌握，再加上平时我们的信息本就泄露得很严重，专业的黑客也就能更容易找到所有与赌博者相关的财产类信息。当他们用完这些信息以后还不舍得浪费，会再卖给多个线上线下的贷款平台。一般来说，这种贷款平台从任何地方获取信息，最贵的大概也就两元一条，而唯独从赌博庄家那里获取信息，一条得花50元，因为所有贷款平台都知道，每一个赌博者都缺钱，也只有赌博者借钱才会不计利息、不计后果，只要能拿到赌博者的信息，基本上都不会亏钱。以上这些都仅仅是庄家诱你入局的第一个环节，当第一个环节做完以后，庄家就把你放到了第二个环节。

第二环　情绪控制

第二个环节，就是庄家要让赌博者适应，因为赌博的过程其实是非常痛苦的，可能一开始会有点开心和刺激，但整个过程当中痛苦是远远大于开始时的那种刺激的，那要怎么样才能让赌博者坚持下来呢？这就是在第二个环节里面庄家要做的事情。比如在刚开始的时候，让人在极短的时间之内喜欢上小输小赢的感觉，因为这种感觉符合人性当中两个特别的需求：第一，人们对不确定性的结果总是充满好奇的。别说是赌博，就是猜一猜其他事情，

都会让人很兴奋；第二，即时的奖励。当我们做完一件事，如果可以在极短的时间之内得到一个确切的结果，而不是要等上3~5年才知道做的是正确的还是错误的，这种即时反馈的感觉也是人性中非常需要的。正因为赌博迎合了以上两个人性需求，所以很快就能吸引赌博者，而当赌博者被吸引以后，就会自然而然地喜欢上这种感觉，哪怕输点钱也会觉得很舒服，因为这时输的钱是能承受得起的，哪怕一天输掉200~300元也无所谓，因为可以承受。可如果突然有一天，赌博者充了3000元以后，一下子赢到了10万元，只要赢过那么一次10万元，从此以后赌博者对赢的需求就瞬间提升上去了。赢过一次10万元了，改天再赢个3000元、5000元、1万元或2万元，赌博者就会想：今天才刚开始，别着急，我昨天赢了10万元，今天才赢了1万元。因为对赢的需求提升了，若只赢个2000元或5000元已经绝对满足不了赌博者了，这时候人的贪念就已经起来了。再比如最近这半个月，赌博者一直在赢，赢了20万元、30万元甚至50万元，而庄家则让其一天全部输完，几十万元瞬间没了，就会让赌博者非常痛苦、非常后悔，但当痛苦和后悔结束后，赌博者的下一步动作会是什么呢？他还要赌！因为输掉的这些钱都是赌博者一开始赢回来的，所以他既觉得心疼，又觉得没什么问题，想着只要再赌再赢回来就可以了！那么，当赌博者接下去再赌的时候，对输的承受能力瞬间就提升了，再输3万元、5万元的也会觉得没事，运气好的时候"来一把"不就都赢回来了？然而事实上是，当赌博者经常沉浸在这种大输大赢的情绪里面时，整个人就已经处于失控的状态了，而情绪一旦失控以后，人就会有改变，所以经常会有赌博者的家人说这个人变了，说这个人赌博以后变得冷漠了、无情了、变得满嘴谎言了，原因就是赌博者的情绪被破坏了。

赌博的过程非常容易让人冲动，连续输几把钱，人就会立马失控，没办法控制住自己的情绪了。而当人已经进入到这种疯狂状态的时候，就会完全

第三章　为什么我会得赌博成瘾这个病

刹不住车了，这时，庄家便通过情绪控制的方式，在第二个环节上成功地把赌博者培养成了一个成熟的赌客，接下来，就要开始第三个环节了。

WORDS 智慧箴言
OF WISDOM

> 赌博有个可怕的后遗症，就是在赌博过程中产生的失控感。即使不赌了，这种失控感也会伴随很久。这种失控感，会让你失去自信，忽略自己的优势，产生强烈的无力感和无助感，从而觉得自己是个失败者，再也没有重新开始的勇气。

第三环　精密计算

庄家在第三个环节里面计划实施的事情，就是在整个赌博过程中，要让你无论已经产生了多大的经济损失，依然会在一有钱的时候，就第一时间给庄家送过去。

赌博庄家并不是你所认为的一个网站、一个应用软件（APP），而是一个在背后拥有好几个团队的组织，包括计算机管理团队、黑客团队、精算师团队、心理学团队，几个团队都非常专业。而所谓的第三个环节，其实就是心理学团队专门研究你心理的环节。自从有了网络赌博以后，赌博庄家从来没有停止过对每一个赌博者的心理研究，因为这个数据对他们来说太重要了。研究怎么能让你来第一次？怎么能让你第一次体验过后再来第二次、无数次，甚至不请自来？研究赌博网站是否和黄色网站连在一起会更有胜算？这就叫作赌博心理学。

对于庄家来说，他甚至不需要跟你说一句话，只需要把你一周的押注走势图从前台拿到后台，就能完全了解你。你什么时候押大注，什么时候押小注，什么时候会跑；你是一个容易冲动的人，还是一个小心谨慎的人，都会清清楚楚地写在这一周的押注走势图上面。只要庄家把这一周的押注走势图拿到手，那么接下来你的输赢，就跟你的手气以及聪明才智都没有任何关系了。

说到这一点可能有人不信，他会说：赌博的结果是统一的，作假也没办法针对我个人。事实上，庄家只需要找到一个群体的共性，确实不需要针对个人就可以作假，赌球有赌球的共性，赌彩票有赌彩票的共性，赌某某乐有赌某某乐的共性，当庄家找到这些群体的共性，再从共性当中找到差异，最后把差异化分成若干个小群体，那他就把所有人都搞定了。

这就涉及了意识和潜意识的问题。人的意识都有两个层面，第一个是意识层面，第二个是潜意识层面。好比一座冰山，露出海平面的叫意识，海平面以下的叫潜意识，而露出海平面的只有15%，也就是说人只对自己15%的行为是很清楚的，比如说早上是几点出门的，早餐吃了没有，上午吃了什么，等等。可就潜意识而言，比如平时走路的姿势，刚刚是以什么姿势坐着的，都是我们不会特地去注意的事情，因为我们已经习惯这样走、这样坐了。那么，当人在赌博押注的时候，就已经进入了潜意识状态。你凭什么认为这次买大一定会赢，买小一定会输呢？凭的全是以往的经验，所谓以往的经验就是人潜意识里面的记忆。所以，当庄家一旦拿到你一周的押注走势图，就等于拿到你潜意识里面的全部记忆，就等于完全掌控了你的大脑。而他再拿着这些东西去分类、去比对，你是哪种状态，他是哪种状态，一目了然。所以，当人深陷在这个过程中时，不管你曾受过多大的损失，只要一有钱，你就一定会在第一时间想着给庄家送去，而这就是庄家的套路。

第三章　为什么我会得赌博成瘾这个病

赌徒迷思

在我从事戒赌工作的十多年里，接触了十几万赌博者，在与他们的交流中，我发现赌博者都会存在一些认知上的不解，接下来我们就一起拨开云雾，解答这些赌博者及其家人都感到困惑的问题吧！

迷思一　你在和谁赌？

好多赌博者会说，我在跟电脑赌，我在跟庄家赌，也有的说我在跟其他赌客赌，我在和一整个团队赌，其实真正的答案是，我们每一个人都是在跟自己赌，在赌博的过程当中，你输掉的所有钱，都是因为你自己的冲动和贪念。

在赌博的过程中，赌博者赌到一定程度以后会上头，所谓的上头，其实就是动了贪念。佛家说"人有五毒，贪嗔痴慢疑"，赌博占的就是第一个"贪"字。遇到赌博以后，"贪"就会被无限地放大，而当一个人的贪念被无限放大时，就一定会冲动，只要冲动，人就会陷在赌博的泥潭中难以自拔。

在赌博的过程中，赌徒都是曾经赢过钱的，但赢了以后，钱能在手里面待多久呢？今天赢了3万元或者5万元，可能用不了多久，就会翻倍地给庄家送回去。在赌博中，"赢"能起到的最大作用是什么呢？无非就是让我们能够在下一次赌博的时候，敢于突破自己的底线，创造新纪录。在刚开始赌

博的时候，我们可能只会用手里面很小的一部分零钱；当我们在零钱用完以后，则会从银行卡里面拿出来一小部分钱，这当然也在我们的承受范围之内；当我们把这些钱都输完以后，我们会再去动用卡里面的钱，这时我们的原则还是只会用自己的钱，绝对不会去借钱；慢慢地，当我们把自己卡里面的钱全部输完以后，可能就会开始想要从身边的人那里借一点小钱，或者从信用卡里透支一些钱，就这样，胆子越来越大、金额越借越多，甚至开始一边借一边骗。所以，在整个赌博过程中，人会输钱并不是因为庄家作假，而是因为自己的贪念和冲动。所谓"赌博"，人都是在跟自己赌。

WORDS 智慧箴言 OF WISDOM | 人最大的财富，是精神上的富裕，会去赌博，大多是因为感到精神空虚了。如果你愿意重新丰富自己的精神，脱离赌博其实并没有那么难。

迷思二 赌博，你是为了赢？还是为了输？

我问过很多赌博者，你赌博，到底是为了赢还是为了输，95%以上的回复，都是为了赢，但真的是为了赢吗？如果说是为了赢，我相信每一个赌博者在赌的过程当中都赢过，100元、1000元、几万元，甚至几十万元、几百万元的都有，那当你赢钱的时候，哪怕就是100元，你有没有停下来呢？这时可能会有很多人说，100元实在太少了，谁会满足？任何人都不会停下的！是的，100元确实不算多，没有人会仅仅满足于赢100元就退出来。赌博者会想：我能赢100元，我就能赢1000元，我也曾赢过1000元，赢过1万元呢……只是后面运气不好输了而已，但我是真的赢过啊！所以，我要继续赌，这样就可以把输的钱都赢回来。可惜，最后却被庄家越套越牢，越陷越深，一步步发展到了今天。这个理由看似是非常合理的：我为什么赌博，是为了把输的钱给赢回来，哪怕不是全部，哪怕只赢回来一部分也可以。

在我十几年与赌博受害者的交流中，很多人会说，老师，我并没有想把我输的 100 万元、200 万元给赢回来，我只想把我最近欠的高利贷的钱赢回来就可以了。那我就会问他，如果从今天开始算，你只用了半年时间就把所有输的钱都赢了回来，那么你能摸着自己的良心说出来一个不继续赌下去的理由吗？我相信没有任何一个人能说我不继续赌了，因为无论赌了多长时间，能仅用半年时间就把所有输的钱都赢回来，那对于赌博者来说，是"哇！我终于找到了赢的诀窍，找到了能够战胜庄家的方法，这个时候我绝不能放弃啊，至少还得再赢个 10 万元、20 万元才能放弃"的感觉。然而，假设你接下去真的赢了 20 万元，你一定又会马上改变想法，"还有什么比这件事来钱更快呢？既然没有，那我为什么要放弃赌博这个事情呢？"所以结果是什么呢？继续赌下去！因为你认定了这是一个最容易赚钱的方法。说到这里，可能还有很多赌博者想要反驳，想说只要能让我赢到自己心目中的目标，我一定会退出来，事实真的是这样吗？绝对不可能！实际上赌博者是不会在赢的时候停手的，只有输光了才会停，只有输到走投无路的时候，才会思考我这条路是不是走错了。所以说，对于赌博者而言，从第一次押注开始，追求的就从来都不是赢，而是输，赌博的真相就是：赢钱是过程，输钱才是结果。

迷思三　我没有输，只是差一点赢

在帮助那么多赌博受害者的经历中，我常常会说一句话：赢比输可怕，因为曾经在赌博中赢过大额金钱的人，反而比曾经输过大额金钱的人对赌博的依赖和痴迷程度更深。因为曾经赢过那么多钱，所以赢钱带来的自信会让他越来越"勇敢"，投注金额也越来越大，而且这种赢钱带来的刺激感，已经让他大脑中的多巴胺达到了阈值顶峰，导致大脑会下意识地不断追求更高的阈值，最后唯有通过更大金额的疯狂下注才能让大脑觉得满意，并且大脑会下意识地记住刺激的体验。而对于输来说，他的解读是：差一点就赢了。"差一点赢了"好过"总是赢"，许多游戏和赌博体验的设计目的，就是要通过展示"差一点就能赢"，调动你的"希望"。

  赌博者体验最好的时刻恐怕就是结果揭晓之前的那一瞬间了，那是张力最大的时刻，未完成的体验比已完成的体验更能刺激我们的大脑，因为得不到的永远是最好的。更何况，赌博的奖励越是不可预测，赌博者就会越享受、越愉悦，直到奖励出现。而奖励本身还不是关键所在，只是追逐的过程。对于一个赌博者来说，"差一点赢"这个错误的认知，隐藏的是赌博者对输的恐惧，也是在美化输的结果，以致赌博者一直沉浸在下一次翻盘的梦想中。

第四章 赌博与家庭

每个家庭就像港湾一样，给予每个家庭成员温暖和依靠。幸福的家庭不应该受到犹如洪水猛兽般的赌博的冲击。

本章将通过一些个案，展示赌博对家庭的危害，并给出健康家庭的几个标准。

第四章 赌博与家庭

被赌博困住的不是一个人，而是整个家庭

我们在戒赌治疗中一直采取的是家庭治疗，很多人不理解：赌博是本人自己去赌的，戒赌为什么要一个家庭陪着一起学习呢？首先，家庭是社会运行的基本单位，是人类在婚姻关系、血缘关系或收养关系的基础上建立的一种制度和群体形式。拿一个最简单的家庭构成举例，父母加孩子这样的三口之家，如果家庭生了病，最容易出现问题的是孩子，更准确的说法是，**孩子更容易暴露问题**。比如在当今社会，在孩子成长的过程中，游戏成瘾、厌学、抑郁、自杀等情绪行为问题已经日益增加，这些其实都是在提示这个家庭生了病。如果说孩子在青春期有成瘾行为，可能只是打打游戏，或者是对某一件事情比较痴迷。青春期是一个导火索，如果父母没有及时地干预、有效地引导，孩子成年以后成瘾问题就会更加严重，甚至极有可能导致赌博成瘾或其他问题的产生。

WORDS 智慧箴言 OF WISDOM

赌博造成的"失去"从来不是最可怕的，可怕的是不懂得放下，幻想把因为赌博失去的亲情、友情、爱情再"赌赢"回来。如果你不放下，你将一直活在过去的痛苦中，你要知道，不管前方的路有多苦，都比站在原地更接近幸福。

如果在一个生病的家庭中，孩子在儿童时期没有爆发出病症，那就意味着这些病症可能正处于可怕的潜伏期，伴随着孩子年龄的增长，这些病症就有可能以更危险的形态出现，比如赌博、吸毒等。来到戒赌中心求助的赌博者，最小的只有17岁，正在读高二。家庭因素、社会环境因素，都导致参与网络赌博的人的年龄越来越小。透过表象，我们要看见背后的本质，赌博者的原生家庭是决定性的因素，哪怕本人在成年之后组建新的家庭，也依然会沿用在原生家庭习得的相处方式，然而相同的问题并没有得到解决，就依然会爆发出来。当家庭成员遇到困难时，健康的家庭会做出适应性的调整和改变，但是有的家庭纵然使出各种办法都无法解决问题，家庭成员就像被某种力量困住了，动弹不得。处于困境中的家庭往往会被某个成员的症状所影响，家庭成员拼命想要缓解症状，却不知真正的问题可能是家庭关系。家庭治疗就是在寻找赌博者本人赌博的因在哪里，从因出发，解决根本的心理问题。

　　第二个原因是，赌博成瘾是心理疾病，靠本人自己的意志力很难解决，需要家庭、专业机构和社会支持系统的辅助，而其中家庭是本人戒赌最有力的支持系统。家人来学习的目的，是从心理角度，去理解赌博者的赌博行为，并且知道何种处理方式才是有效的，因此戒赌治疗应当是家庭治疗，且家庭治疗效果非常明显。接下来就让我们一起深入了解什么是健康的家庭。

第四章 赌博与家庭

什么样的家庭是健康的

健康家庭这个概念，在早期的定义中，指没有表现出来某种症状的家庭，但是如果我们拿身体来做个类比，没有外显的症状其实并不表示身体内部就是健康的，甚至有些疾病在初期时，病理检查的数据都是未达到疾病标准的，等到符合病理学的评判标准时，病已进入中末期。健康家庭也是如此，风平浪静可能掩盖了真正的暗潮汹涌，"没出问题"和"健康"其实是两个完全不同的定义。

在传统概念中，对健康家庭的定义是：符合大多数人标准的常规家庭，比如家庭结构完整、尊老爱幼、性取向正常。这也是在相同的文化背景下绝大多数家庭的运行方式，但常规并不表示健康，因为其中忽略了父母的教养方式、家庭成员的互动模式，以及有利于孩子成长的种种方面。幸运的是，随着社会的进步，人们观念不断开放，包容性不断增强，人们也会在一些特殊的家庭中看到积极健康的一面，比如离异家庭、单亲家庭、同性恋家庭，在这些家庭中，如果家长的三观正确，生活态度积极，依然会给孩子提供一个健康成长的环境。

在接触了众多赌博家庭后，我发现有赌博问题的家庭背后都有令人惊讶的相似之处：溺爱、指责、冷漠、紧张和控制是这些家庭的基调，但是这些让人不舒适的相处方式在家庭成员看来是正常的，是他们所习惯的。所以，

我认为一个家庭是否健康，不能依赖传统的道德或社会标准去判断，而是要看家庭成员之间是如何交流和沟通的，以及他们是否有共同的家庭目标。

家庭治疗大师萨尔瓦多·米纽庆（Salvador Minuchin）认为："**家庭成员的构成远远没有家庭中的互动模式重要。**"因此，我们应该去审视的是当下家庭成员间的互动模式，比如当出现一个困境的时候，家庭中的每个成员是如何面对和处理的。其实每一个症状的出现，都是之前家庭成员常年固有互动模式导致的结果，但是纠结结果不如找出根源，反省才是避免同样问题出现的最好行动。

WORDS 智慧箴言
OF WISDOM

> 爱是不保存犯错的记录，爱是不提过去的失败，赌博不是"不治之症"，心平气和的沟通，爱与坚持的陪伴，就是戒赌成功路上有效、有力的"武器"。

我们来看一个案例。

小健是家里的老幺，这个男孩长相清秀、性格温柔，每次看向哭泣的母亲，眼里流露出的都是回护与一丝倔强的目光，但就是这个外表文弱的男生，已经在赌博中沉沦了将近 10 年。大学毕业后，原本可以离开小城市去大城市工作的他，因为赌博的原因，留在了家乡，现已近 30 岁的人，没有离开家庭，也没有成家。在进行家庭咨询的过程中，咨询师发现，小健父母之间的关系一直不好，父亲比较死板，母亲是典型的家庭主妇，在夫妻关系中一直处于逆来顺受的境况，是传统的"男主外，女主内"的家庭。每天都很晚才回到家的父亲与母亲的关系疏离冷漠，母亲经常在家中唉声叹气，独自垂泪。父

第四章 赌博与家庭

母经常说，等到孩子们都成家了，就准备离婚。这些情况，小健都看在眼里，作为家里的老幺，哥哥和姐姐都已经离开家庭自己生活了，所以，他不愿意，也不能离开家庭，让母亲独自留下。因此，他必须去找到一件事，让他可以理所当然地留在家里，比如不停地赌博，这就意味着他无法脱离父母独自生活，而且他"惊喜"地发现，从他开始赌博起，父亲待在家里的时间变多了，开始和母亲一起为他的事情想办法了，哪怕是争吵，也让这个原本死气沉沉的家有了一丝生气。

生了病的家庭中，谁会更容易出现症状？一般而言，家庭中权力等级较低的人，比如孩子、老人以及不受伴侣重视的妻子或丈夫，更容易出现症状。在小健的家庭中，夫妻关系出了问题，但爆发出症状的却是最弱的、力量最小的小健，不是小健想去赌博，而是这个家庭"需要"一个有问题的孩子。家庭是一个人际互动系统，只有达到一个稳定的状态，才能够发展和实现家庭目标。当家庭系统失衡时，较弱或被动的一方就需要平衡权力的分配，生病或折腾出一些事情，常常是家庭成员试图改变家庭关系的一种策略。小健通过赌博，让父母的关系发生了改变，虽然这是家庭边界感缺失的一种表现（关于边界感的话题，下文会有具体阐述）。当然，赌博并不能真正起到改善父母关系的作用，因症状而改变的关系，其实是被症状控制了，症状却因其功能而被保留下来。在心理咨询过程中，咨询师让小健逐步明白，父母之间的关系该如何处理应当是他们自己的课题，作为孩子，并不需要为改善父母关系而给予自己过多的压力，找到属于自己的边界，才能够帮助这个家庭走向健康。小健的父母也表示，无论夫妻关系未来如何发展，对小健的爱都不会改变，不仅会过好自己的生活，也会一如既往关怀和爱护小健。彼时，感受到父母关爱的小健，终于卸下了眼中的倔强与固执，于是赌博的因不存在了，小健就应当能够轻松地走出过去痛苦的怪圈，走出原生家庭，去寻找属于自己的新家庭和新生活。

健康家庭的几个标准

适应性良好

  一个健康家庭首要的衡量标准应该是具有适应变化的能力，具备这种能力意味着这个家庭拥有足够的沟通空间、多种互动方式和变通的灵活性，每个家庭角色的定位和界限分明，他们既可以在自己的范围里制定规则、达成共识来遵守规则，可以接受合理的惩罚，也会在家庭出现问题时，及时调整规则，创造新的方法，既可守亦可破，为家庭达成共同的目标而作出改变，这就是适应性良好的家庭。

  大家可以回想一下，在自己或孩子成长过程中的几个重要的时间节点，家庭是如何面对变化、处理变化的？比如第一次上幼儿园、上小学、上初中，从儿童变成少年，再从少年变成青年的这些特殊的时间节点。有很多成绩优异的孩子进入大学后出现了令父母匪夷所思的变化。来戒赌中心求助的很多赌博者，就是在进入大学后沾染上了赌博恶习，有些人甚至沉迷赌博长达5年、10年之久，赌博成为缠绕他们多年的噩梦，这就是因为他们在从少年到成人的转变过程中，家庭缺乏对于变化的有效应对方式，也就是家庭功能的丧失。

  个体从幼年到长大成人，遇到另一半，步入婚姻，意味着一个新的独立的家庭诞生，这个家庭的互动方式、适应性是否良好，很大程度上取决于夫妻俩各自的原生家庭，如果在互相磨合的过程中，彼此能够意识到问题并作出积极调整，那么这个家庭也会在未来，为自己的下一代创造一个适应性良好的原生家庭。

边界感清晰

在家庭关系中，一个人会有多种身份，男人会是儿子、父亲、丈夫，女人可以是女儿、母亲、妻子，不同身份代表的是在不同关系中起到的作用和承担的责任义务，以及相应可享受到的权利。在很多家庭中，这些不同的身份常常被混淆，边界感的模糊，导致这些身份的作用无法正常发挥，使整个家庭失去了健康运行的基础。

举个例子，一个家庭中，妻子经常和婆婆闹矛盾，丈夫在婆婆面前低眉顺眼，努力保持自己是个乖儿子的身份，但是心中压抑着怒火，等他回到妻子面前，就会将怒火发泄到妻子的身上，这个时候，其实他依旧停留在儿子这个身份上，并没有转换到丈夫这个身份，也没有从丈夫的角度出发，给予妻子理解、支持和安慰。夫妻关系是整个家庭关系中的核心，夫妻是利益共同体，此时此刻，丈夫应该和妻子站在共同的立场和角度来处理问题，这样边界感清晰，才有利于整个家庭健康运行。

目前来到戒赌中心求助的"90后""00后"赌博者，他们的父母很多是外出打工的"70后"。留守儿童们从小与父母分离，丧失了与父母充分接触的机会，大部分被祖父母和外祖父母带大，幼小的心灵笼罩着被忽略和被抛弃的恐惧。这种强烈的不安感会延续到成年，对他们的心理产生重大的影响。然而赚到钱的父母，抱着补偿心理，会在物质上对孩子有求必应，但普遍与孩子缺乏思想上的交流和沟通。

在中国的大多数家庭中，父母对待孩子会带有权威性的领导。当孩子在幼年的时候，这种权威性的领导其实起着保护、指导的作用，但随着孩子的成长，逐渐具有了自己对事物的判断和认知时，他们对父母的言语产生了疑问甚至抵触。这个时候，父母需要及时将权威性的领导转换为建议性的协助，帮助孩子去建立独立完整的人格。但是因为缺乏思想沟通，很多父母在孩子长大后，依然采取权威性的领导方式与孩子相处，这就导致了很多赌博者本人会转向其他方式来寻求精神上的自由，赌博行为有时候就是孩子对父母专制的一种极端的对抗。

还有一种没有边界感的行为，就是让孩子承担了父母的功能。有些家庭中父亲与母亲的关系不好，导致母亲长期处于忧伤的状态，甚至将对丈夫的不满通过一种暴力的方式发泄在孩子身上。这个时候的孩子会表现得异常乖巧、懂事，反过来照顾母亲，这个时候其实他就是在承担不属于自己的责任，造成了角色倒置。过早承担父母功能的孩子会出现一定程度上的心理失衡，延续到成年，可能会变得自卑、懦弱，有些还会出现双面性格，自尊体系不完善的人，成年后会把失败更多地归结为命运或外界因素，而很难从逆境中重新站起来。

有安全感

安全感是人类赖以生存的心理基石，我们最初的安全感便来自幼年的生活环境，来自父母给予我们的感觉，安全感可以被解读为归属感、被需要、被接纳。在啼哭的时候被及时抱起，婴儿就会认为这个世界是安全的，他是被接纳的、受欢迎的；反之，当他对世界伸出手，而世界无人理睬他时，他就会感觉到无助、害怕、不被喜爱。这种感觉在婴儿尚未有思想的时候就会

第四章 赌博与家庭

刻入他的潜意识，以至于很多人长大后，总是很难拥有安全感，却不知这是幼年家庭造成的影响。

> **WORDS 智慧箴言 OF WISDOM** ｜ 很认同稻盛和夫对幸福的解读，他说人们总是把幸福解读成"有"：有房，有车，有钱，有权。但幸福其实是"无"：无忧，无虑，无病，无灾。"有"多半是给别人看的，"无"才是你自己的。

我们来看一个案例。

小袁已经30多岁了，坐在我面前的他沉默而隐忍，小袁的母亲衣着朴素，看上去比实际年龄要老很多，眼里满是对孩子赌博的不理解和怨恨。慢慢打开话匣子的小袁说起了一件陈年往事：在他小时候，一包5角钱的辣条，在他的苦苦哀求下，母亲也没有给他买。说起这段回忆时，小袁目光黯淡、冷漠，而母亲的眼中却流露出满意的神色，"看我的孩子多听我的话，我说不买就不买。"在她看来，那不过是一包可有可无的零食，但在小袁看来，那却是自己不被父母疼爱的证据，这个家没有给他归属感和安全感。一包5角钱的辣条，买或不买其实与家庭经济条件并无太大的关系，但是小袁会牢牢记住小时候不被满足的需求和从父母那里得不到的重视与爱。成年后，小袁对物质产生了极大的渴望，而且他深知，他要的一切只能靠自己，母亲是不会满足他的。于是，来钱最快的赌博吸引了他，当年没有花的5角钱，如今变成了几十万元的负债，不知道这笔账，小袁的母亲能否算得过来。

举这个例子并不是说家长要毫无底线地去满足孩子对物质的需求，这样也会适得其反。物质满足要与家庭经济条件匹配，也要与孩子的年龄和当下

的学业匹配。家长可以把物质作为孩子成长过程中的一些激励，让孩子明白获得物质需要付出一定时间的努力，在努力的过程中孩子就会得到宝贵的经验，同时提升抗挫折的能力。

除了物质条件的需求，孩子还有很多其他方面的需求，如被尊重的需求、自由选择的需求。在很多孩子的成长过程中，这些方面的需求都被专制的家长无情地剥夺了，一日三餐吃什么、每天穿什么、上什么高中、选什么专业、干什么工作、和谁结婚，都被父母安排好了，而这些被压抑的需求总有一天会被孩子以一种惨烈的方式找回来。所有赌博者的赌博行为背后，都有一个没有被满足的渴望。可以说，人的一生，其实都在寻找心灵的归属和安全感，家，就是我们最初也是最后的归属。

第四章 赌博与家庭

常见的三种赌博成瘾的家庭类型

有没有哪类家庭特别容易出现赌博成瘾者呢？严格来说，这个问题并不准确，上文提及，赌博成瘾只是家庭生了病的一个症状，这个症状也可以表现为青春期孩子的厌学、逃学、离家出走、网络或游戏成瘾、厌食、抑郁等。但是在与赌博受害者及其家人十几年的接触中，我和我的心理老师团队，也发现了这类家庭的一些特质，在这里归纳出来与大家分享。这些家庭的类型不是单一的，有些特质会交替产生，同时在一个家庭中共存。我们常说，家是讲"爱"的地方，可这个爱，到底如何才是正确的、积极的？我们将问题家庭中爱的表达方式分成了三种类型，希望无论你的家庭是否已经出现了赌博受害者，都可以将其作为建立健康家庭关系的警示。

爱"漫溢"的家庭

● 你的爱令我窒息

你很难相信，坐在你面前的这个赌博者，已经是一个33岁的成年男性，我们称呼他为多宝，因为他妈妈就是这样叫他的，哪怕他身高1米85，体重接近200斤，却连多加一件衣服都要经过妈妈的同意。

多宝是独生子，非常聪明，父母都是知识分子，对多宝只有一个要求，

就是把书读好。为了让多宝读好书，父母会将一杯水、一口饭都端到他的嘴边。从小到大，多宝没有洗过一件衣服，做过一次家务，更别提为父母做过哪怕一点点事。当后期多宝留在戒赌中心继续学习生活的时候，从室友反映他的种种"不拘小节"和"不懂世情"的行为中，多宝的巨婴特质可见一斑。父母对他的生活无微不至，对他的学业却眼中不容一粒沙，非常严厉。不过多宝很争气，成绩优秀，不仅考上了一流大学，更是念到了硕士研究生，就业后工作的企业也非常看重他。

可是，一件看似偶然的事情打破了这一切。一次，多宝得了急性疾病，不得不停止工作，住院时期，在病友的影响下，他第一次接触了网络赌博，一开始小心翼翼的他，体验到了前所未有的刺激与快感，又隐隐约约夹带着一种瞒着父母的"青春期"叛逆情绪，这便让他很快沉沦下去、不可自拔。

在整个过程中，作为一个高智商且具有极强逻辑思维能力的人，多宝不断地通过所谓"精密"的计算来一次次验证他对赌博的预判，他的脑海里不断响起父母平时对他的表扬和肯定，潜意识里，多宝也将赌博视为一场"考试"。对于这场"考试"，他是不能够接受失败的，他从小在掌声和赞扬中成长，怎么能低头承认自己不行呢？

最后，这场"考试"在多宝蹉跎了7年时光，并损失300多万元后，暂告一段落。在现实生活中这类家庭有很多，父母给孩子灌输的成功理念就是高学历、高收入，人前要光鲜亮丽、有面子。这些孩子在蜜罐中长大，也许学习的分数很漂亮，但在生活和情商方面可能是零分，抗挫折和面对问题的处理能力极差，很容易就误入歧途。

父母对孩子的欣赏、鼓励和表扬，可以很好地培养孩子的自恋需要，对健康人格的形成是有帮助的。但是，如果过分关注孩子的一言一行，即使是正向的鼓励和欣赏，也会适得其反，会限制孩子自我拓展的空间。在三观的

第四章 赌博与家庭

形成过程中，孩子只会被父母过度引导而失去自己的判断力，孩子和父母呈现纠缠的依赖关系，这种关注背后传递的其实是父母对孩子成长的恐慌，对未来分离的焦虑。也许多宝的父母因为自己曾经的某种需求被剥夺或未满足，便期望多宝来替自己完成目标，所以很多孩子的选择往往不是出于自己内心真正的需求，而是为了实现父母未完成的愿望。

"无微不至"的父母养育出的成年婴儿，可能在某些领域具有较高的能力，但是在人际关系中往往非常"低能"。在他的世界里，自己永远是需要被特殊照顾的孩子，他没有在亲密关系中被当作成年人对待的经验。一个巨婴要去适应成年人的社会一定会困难重重、问题百出，这样父母会更有理由将自己的"无微不至"继续下去。从本质上来看，这其实是父母不想让孩子长大的表现，是父母对分离和孩子成长充满恐慌的表现，爱的背后是控制。

但是成长的本质是分离，是逐渐远离原生家庭，与过去告别。因此在家庭中，父母需要帮助孩子适应这种分离，同时也是帮助自己，适应和孩子的分离，家，除了能够遮风挡雨，还是一个塑造自我的地方。

多宝已经30多岁了，可他的成长才刚刚开始，他应当学会远离父母令人窒息的爱，慢慢从父母身后走出来，找到自己真正喜欢的事情，懂得承担责任，而多宝的父母，也要开始学会放手，把自己的生活过好。

● 如果你不长大，是不是就永远不会离开我

迈尔斯只有17岁，才念高二，但是坐在我面前时，两只眼睛里面完全没有17岁男孩应该有的那种光，应该说他对生活没有任何的好奇和憧憬，仿佛什么事情都不能让他兴奋起来。他的眼中，是懒散，甚至有那么一点对人生的厌倦，只有在我跟他聊起赌博的经历时，他才会微微坐直身子，眼眸里有了一点精神。

迈尔斯有中文名字，由于他从小被送到国外读书，他和他的父母都已经习惯了迈尔斯这个英文名，没错，他属于典型的创二代。迈尔斯的父母是创业的第一代，白手起家，生意做得很不错，目前家里的生意主要是由父亲打理，母亲因为担心孩子赌博的问题，已经抑郁了好多年，一直在接受治疗。在交流中，你可以非常明显地感受到母亲的焦虑情绪，她不理解，为什么自己对儿子百依百顺，什么物质条件都满足他，他却还要去赌博呢？

迈尔斯妈妈小时候的生活条件很艰苦，在创业成功有了钱以后，一心就想着不能让儿子再过以前她过过的苦日子，所以可以说是无条件、无底线地溺爱着这个孩子，事无巨细一手包办，而且孩子所有的物质条件全部满足，把自己所有的情感都跟儿子绑在了一起，所以迈尔斯有什么问题、什么需求，只要找妈妈就可以了。举个例子，迈尔斯在高中期间就问母亲拿了10万元做生意，做的是潮牌的生意，倒买倒卖，从中赚差价，因为现在年轻孩子都喜欢这种潮牌，所以也赚了不少钱，这就导致迈尔斯一直对金钱没有什么概念。母子两人的关系非常紧密，看似孩子没有断奶、依恋母亲，实际却是母亲不肯让这个孩子断奶，无比享受这种被孩子需要的感觉。

回看迈尔斯的童年，他全家在他小学的时候就移民国外，他很小时就要去学习适应另外一个国家的文化与生活。他在小学阶段还算比较争气，但是到了初中后，他回到国内，就开始跟一些顽劣的富二代混在一起，追求物质和享受。当孩子在青春期的时候，本身就特别在意同质群体的评价和看法，所以别人在干什么，他自然也会干什么，别人享受他肯定也会享受，这样的环境对迈尔斯三观造成的影响非常巨大。

后来迈尔斯就是通过同学接触到了赌博，慢慢沉浸在里面，仅大概两年就已经输掉了近500万元，对学习甚至是以往热衷的潮牌生意都没了兴趣。

迈尔斯为什么会形成现在的认知呢？他赌博是为了钱吗？是，也不是。

第四章 赌博与家庭

说是,是因为他从小看到的就是父母在为钱奔波,有钱可以买来物质和享受,所以在他的认知里,生活是需要有钱的;说不是,是因为他家里有钱,大可不必通过赌博这种极端的方式去赚钱。但是,迈尔斯从小不断经历着各种文化和环境的冲击,在他三观形成的时候,没有人去正确引导和帮助他树立正确的三观,他的母亲又在他本应该好好学习的求学阶段,让他享受不必要的物质和高消费的娱乐活动,当他提出想做潮牌生意的时候,母亲立刻提供资金支持,甚至超前满足,这些本身就是错误的金钱观和价值观造成的。由于母亲对迈尔斯的细节都过于关注,把他当成没有断奶的婴儿在喂养,造成迈尔斯根本不具备一个高中生应有的思维和判断力,深陷赌博也就不奇怪了。咨询师通过纠正迈尔斯的非理性认知,来帮助他重塑三观,设定当下的目标,并调整学习和生活中的不良行为习惯。

迈尔斯只有17岁,就像树苗才刚刚抽出枝丫,希望这次的暴风雨能够让他向上笔直生长,也警示所有像迈尔斯父母一样的家长,关注并正确引导孩子的精神成长。

● 失衡家庭中失衡的爱

金磊是个帅气的男孩,他还不到20岁,但他的赌博"生涯"却从6岁就已经开始了。金磊的家在南方的一个沿海城市,当地有赌博的传统,金磊的爸爸是入赘女婿,金磊跟着母亲姓。金磊的外公是做生意的,家境殷实,不舍得女儿远嫁,就招了入赘女婿。

这样的家庭组合似乎从一开始就注定有些失衡,爸爸作为入赘女婿,在家庭中基本没有话语权,由于父亲的缺位,所以孩子的管教问题往往会归于母亲,但金磊的母亲是一个唯唯诺诺、没有什么主见的人,最后孩子的整个成长过程,就都由外公来管了。外公对金磊非常宠爱,走到哪里都愿意带着他,

但因为外公没什么文化，也没什么精力管教金磊，又因为家境不错，外公对金磊在物质方面一味地溺爱。而且，这里面还藏着一层竞争关系——外公在用无限溺爱的方式与父亲争夺着金磊的爱，这就直接导致这个孩子在家里、在外面都是无法无天——爸爸不敢管，妈妈管不了，外公不愿管。每次只要金磊犯了错，都会有外公帮他善后，金磊对任何事情都没有敬畏感，哪怕他沾染赌博，输了那么多钱，借网贷、高利贷，都有外公在后面给他解决问题。

这个家庭坐在咨询师的面前时，金磊一副无所谓的表情，母亲抹着眼泪，父亲默不作声，外公几次想站起来表达什么，却又无奈地坐了下来。在这个孩子的成长过程中，失衡的家庭关系导致了他没法从父亲和母亲身上学到东西，还被溺爱他的外公养成了胆大包天的巨婴。

金磊的赌博问题源自原生家庭失衡的家庭关系和家庭成员已经习惯的处理问题的方式，这种关系不打破，金磊的问题就无法解决。咨询师用了大量的时间来帮助金磊认识到自身的责任，同时纠正家人错误的处理问题的方式。其实在这个家庭中，需要改变的何止金磊一个人？父亲的退缩与不作为，又何尝不是一种逃避责任的表现？当然，这涉及一定的地域特点和民俗文化，希望有更多的家庭能够意识到，教养子女的第一责任人永远是父母。

爱"漫溢"家庭的特点

（1）幼年时期，父母对孩子的要求（家长认为的简单要求）即时满足甚至超前满足过多。

（2）父母对孩子的言行举止过于纵容，缺乏有意识的引导和刻意的练习培养。

（3）其他家庭成员过多地承担了孩子应该承担的责任和后果，还反过来指责孩子没有责任感。孩子缺乏承担责任的能力，通常采取逃避的方式应对问题。

（4）孩子长大后，父母对孩子的经济要求过度满足，导致孩子难以形成正确的消费观念，对金钱缺少概念。

爱"为名"的家庭

● "我都是为了你好"—— 以爱之名的控制型家庭

飞扬是个典型的山东大男孩，高大壮实，脸上总是挂着无害的笑容，跟他交流的时候，他会时不时摸摸自己的脑袋，有点憨憨地笑着。他很乐于与人说话，热心温和，充满了纯真的孩子气，实在看不出来他已经是3个孩子的父亲，而且妻子现在还有7个多月的身孕，第四个孩子即将诞生。若不是在他父母的眼里看见了抹不开的哀愁，你都无法想象，短短五六年的时间，他在赌博中损失了2000多万元。

从损失的金额和家庭情况可以看出，这是一个殷实的家庭，飞扬是个富二代。回顾飞扬的成长经历，他上什么学校、做什么工作、跟谁恋爱结婚，所有的一切，父母都提前为他做了安排。我记得在结束了戒赌的课程后，飞扬的父母要求他留下来做戒赌中心的志愿者（志愿者会在学习完戒赌课程后，留在中心生活一段时间，以帮助其他来求助的赌博受害家庭），飞扬同意了。问起他接下来的时间想做些什么，飞扬说，他想趁这几个月的时间好好思考出来一个项目，然后等回去后就开始自己的创业之路。但问起他之前有没有自己尝试过创业，飞扬撇了撇嘴，说父母不同意他创业，说到这里，飞扬的父亲打断了他，说不需要飞扬去创什么业，安安稳稳不要再折腾就行了。

这就是很多富二代父母的想法，他们认为孩子如果不按照他们的安排去做，就会失败，想去做什么或者创业根本没有必要，父母的钱足以让他们一

生无忧。这些父母的确能力很强，保护欲和控制欲也特别强烈，这就导致孩子没有了自主的意愿，自我价值也就被忽略了。表面上是父母担心孩子失败受到伤害，实际上是以爱的名义控制孩子，在这种压力下，孩子是被压制的，他们是一定要反抗的，而且这种反抗带有自我毁灭的意味，具有强烈的攻击性。他们会认为赌博就是最好的武器，赌博捅的窟窿，还要家人为他们去填，痛苦被转移到了家人那里，就是最"爽"的反抗了！

富二代家庭里还有个普遍的现象，就是父母与孩子之间的沟通太简单。其实在来戒赌中心之前，这些家庭已经是千疮百孔了，虽然彼此生活在一起，物质上也互相满足，但他们的内心是疏离的、不尊重彼此想法的，家庭成员之间最基本的尊重是没有的。他们也无法进行平等的沟通，父母只会要求孩子、命令孩子，甚至有些父母通过打压、贬低、斥责来伤害孩子的自尊心，导致孩子的自我价值感、自我认同感变得非常低。

在心理咨询的过程中，飞扬承认他其实是一直"跪"着做人的，他的自尊心已经受到了严重的伤害，他的思维很难像正常人一样去应对复杂的情况和突发事件，因为他没有内在支撑力，所以他一定要向外寻找一些刺激。飞扬有非常严重的游戏瘾，游戏也许也是他对外寻找认同感的一种方式，是他逃避现实的途径。飞扬的太太很强势，跟她的公公很像。父亲对儿子很严厉，甚至对儿子没有一丝笑容，对孙子孙女却很宠爱，飞扬的心里充满了委屈。而飞扬的太太习得了公公的方式，用控制的方式和丈夫相处，就像妈妈管儿子。就是这种状态让飞扬在赌博的路上越走越远，因为并没有人去关心他，关心他的自尊、关心他的内心，他们只想管束他的行为，把他当坏人管束，那他肯定要自暴自弃了。

还有一个重要的点，很多家庭是缺乏规则感的，其实规则感的背后代表着"敬畏"。懂得敬畏的人，就会懂得害怕，知道什么事不能做，而恰恰有

第四章 赌博与家庭

很多赌博者，他们不知道害怕，也不会意识到这个过程很危险，因为在他们的意识里，闯再大的祸背后都有父母顶着，于是就会肆无忌惮，由着自己的心性不计后果地去折腾。

孩子陷入赌博而欠债后，父母会不断地帮孩子还债，其实孩子是在用这种方式试探父母的底线，当父母一次又一次还钱的时候，赌博者本人那种婴儿般的自恋就出现了，他会觉得父母可以被自己操控，他可以无限地被满足，当然，这同样也是父母缺乏规则感的一种表现了。

在看似成熟伟岸的外表下，飞扬其实就是一个没有长大的孩子，他的人生被安排得太好了，所以他不需要长大，不需要去承担任何责任，所以在输掉了2000万元之后，我们没有在飞扬的脸上看到太多的焦虑和沮丧，焦虑反而满满地写在了他父母的脸上。可是，你能够去责怪飞扬吗？父母从小替他做主，现在却来责怪他没有担当，这样公平吗？

在飞扬个案的咨询中，咨询师首先处理了全家人的情绪，这个情绪包括当下的和过去积累的，咨询师帮助全家人关注以及表达自己的情绪感受，同时也调解了飞扬与父亲、妻子之间的关系。

接下来，就是让飞扬放下面具，在家人面前呈现真实的自己，把自己的心里话都说出来。

在飞扬的个案中，恢复家庭各个成员的边界感非常重要，要让父亲像父亲、母亲像母亲、妻子像妻子、丈夫像丈夫、儿子像儿子。每个人在切换自己身份角色的时候，都应当清晰地知道该如何承担相应角色的责任，这样，家庭中新的秩序就会建立起来。每个角色都要先从做好自己开始，并尊重对方的角色，不越界、不干涉，让孩子真正变成大人，去承担自己的责任。

●原来不是每个父母都懂得如何爱孩子——打压式控制型家庭

所有的父母都无条件地爱着孩子吗？这个观点对于陈诚来说，可能不成立。

只有 21 岁的陈诚，眼里却有着不属于他这个年龄的冷漠与疏离，当他们一家第一次坐在咨询室的时候，陈诚坐在一边，父亲跟母亲坐在了另一边，双方全程零交流。儿子是带着仇恨的目光看着父母的，而他的一番话，令我震惊，且心疼不已。

陈诚是留守儿童，从小父母就在外打工，上小学以后，父母开始回来陪伴他，但他没有想到的是，这反而成了他童年噩梦的开始。

陈诚的父母因为自己没文化，所以对陈诚学习上的要求特别严格，必须要他考到第一名。陈诚在一年级、二年级、三年级的时候学习成绩确实都是第一名，但在四年级的一次数学考试中，他有一道题忘记写了，只考了 95 分，他竟然被爸爸吊起来打。大概有一个星期，陈诚走起路来大腿都会疼，身上都是一块块乌青。从那次以后，他的学习成绩就忽上忽下，而每次考砸了以后，爸爸都会打他，打的频率也越来越高，从每个月一次到后来每个星期一次，而且还一边打一边骂，骂得特别难听。陈诚的妈妈一开始是反对爸爸打陈诚的，但是后来妈妈反而加入到了谩骂的阵营当中。骂的话就是：你就是一个废物，就知道你不行，长大了能干什么呀，你肯定是不行的呀，养你我还不如养条狗。

从四年级开始到六年级这 3 年当中，陈诚感觉每天都生不如死，于是他找到了一个缓解的方法——打游戏。他终于在游戏中找到了快乐，只有在游戏当中，他才可以不去面对厌恶他的父母，慢慢地，他开始学会从家里拿钱，然后到游戏厅去玩"老虎机"。

后来，陈诚上了初中，随着身体的发育，有一天在爸爸打他的时候，他

第四章 赌博与家庭

同样也把拳头伸了出去，虽然之后还是把拳头收了回来，但在这一次以后，爸爸就再也没有打过他。打是不打了，但每一次他考试成绩不好的时候，父母依然会用最恶毒的语言骂他，他也越来越讨厌学习，甚至不想再上学了。同时，他的胆子慢慢地开始越变越大了，他说他第一次在"老虎机"里赢了钱以后，感觉大脑里面就好像有一个火花喷射出来，特别兴奋，从那以后当他再听见爸妈说"你再这样就不给你钱"时，他心里就会暗自窃喜：我不再需要你们的钱了，我可以自己挣了！

再后来，社会上的朋友给陈诚推荐了一些网络赌博网站，这让他仿佛看到了新世界。因为债务爆发，父母接到电话后才知道儿子参与了网络赌博。第一次的债务总共是 8 万多元，当陈诚看见父母帮他还债后垂头丧气的样子时，心里竟涌上来一种报复的快感，虽然也有些内疚，但好像还是快感占据了大部分。

之后的陈诚就陷入了赌博的深渊，每次欠债都由父母帮还，陈诚虽然也想过戒赌，但仿佛有心魔缠绕，总是戒不掉。

陈诚的心魔，就是积累了那么多年的委屈与不解——为何别人的父母对孩子都是百般疼爱，而我的父母却那么嫌弃我，如果那么嫌弃我，为何要把我带来这个世界受苦呢？童年时长期地被虐待，让陈诚心里充满了仇恨，但是仇恨的对象，又是自己的至亲父母，爱与仇恨互相纠结，让他的心理产生了巨大的扭曲，而还是个孩子的他，根本无法去处理这样的纠结与冲突，唯有寻求外部的途径。

在咨询室里，咨询师让陈诚把这么多年受到的委屈一件一件说了出来，同时也让他的父母意识到早年的一些行为对孩子造成了多么大的伤害，以致他只能通过毁灭自己的方式，来反抗家庭的桎梏与枷锁！

在父母真挚的道歉下，陈诚失声痛哭，这一声声痛哭中，蕴含着多少无

助与悲痛。陈诚的心结打开了，他终于理解，手足无措的父母也许有着他们生活的不易与艰辛，他们期待用鞭策的方式来让自己的儿子成才，却不知道这种爱的表达方式是错的，原来不是每个父母都懂得如何爱孩子。

　　善良的陈诚原谅了父母，大家都意识到，其实他们家里面一直是有爱的，只是这种爱的表达方式出现了问题。当心结慢慢打开后，在后续戒赌方案的制定过程中，陈诚都非常主动地配合着。现在的陈诚已经有了自己的事业，和父母的关系虽然不能说亲密无间，但再没有像以前那么剑拔弩张了，他们彼此能够正常地沟通，也会给予对方适度的关心。

● **我那么优秀的基因，怎么会生出赌博的儿子——假民主控制型家庭**

　　如果不是在我的咨询室与他们相见，我可能会以为自己是在一场中产阶级的酒会上。这是一个很典型的高知型家庭，父母一看就是成功人士，衣着低调有品位，雨轩本人看上去也是气宇轩昂、彬彬有礼。果然，雨轩的父母都在各自的事业领域取得了一定的成就。从小父母对雨轩就有着非常清晰的人生规划。

　　这一家人在一起的时候看上去非常和谐，彼此的交流也非常通畅，对于我的提问，不管是父母还是孩子，都是有问必答，雨轩也显得非常配合。聊起雨轩的成长经历，我发现他从小就非常优秀，属于大家嘴里别人家的孩子。从小学到高中，雨轩的成绩一直名列前茅，体育非常好，歌唱得也非常好，可以说是文武全能。但就是这么一个优秀的孩子，在上了大学以后，却沉迷网络赌博不能自拔。在深入沟通以后我发现了一个细节，雨轩每次在回答我问题的时候，都会下意识地去看一下他的爸爸或者妈妈，然后再作回答，且问题的答案都是无懈可击的。这给我一种非常奇怪的感觉，就是在这样一个完美无缺的家庭里，雨轩赌博的行为实在显得太违和了。在交流中，雨轩的

第四章 赌博与家庭

父母一直在说，他们从小到大都非常尊重雨轩，他们家是一个非常民主的家庭，不管是在经济还是其他方面，都非常尊重孩子的选择，不会对孩子进行过多的干预。

但当我问到一个关于高考志愿填报的问题时，雨轩却用了一个十分无所谓的态度说道：当时我是想考军校的，但是我爸妈一定要让我学金融。雨轩的语气虽然轻描淡写，但我却观察到了他的手有一点颤抖。从这个高考填报志愿的点切入，我发现雨轩的父母确实很民主，但不是真的民主，而是假民主。因为父母自己是高知人士，所以每当孩子试图自己作出选择时，他们总会用自己的社会阅历，去对孩子进行一种碾压式的"说服"，美其名曰：希望他少走一些弯路。

从雨轩很小的时候报名上兴趣班，到他衣服上的选择，甚至到与朋友的交往，父母都会铆足劲儿去跟他探讨，且每次探讨的结果都是父母大获全胜。父母说雨轩从小就特别懂事，但自从上了大学、染上赌博以后，跟他们之间的沟通交流就越来越少了。

这种类型的赌博者，在高知家庭当中比较常见，家庭中的孩子表面看上去都非常优秀，而且父母往往也想不通，为什么从小到大优秀且听话的孩子，会染上赌博这个恶习！但当我们去深入探讨以后就会发现，这一切其实都是粉饰的假民主。在假民主家庭中，孩子通过和父母的博弈，发现原来自己的意见不重要，反正最终还是他们说了算，自己不妨把真实的想法埋在心里面，正因为如此，这样的孩子就会变得越来越"懂事"。然而，这样的孩子在父母身边能够受父母的控制，但一旦当他离开父母，比如进入大学以后，海阔凭鱼跃的时候就到了，之前所有父母让他别去尝试的，他就一定都会想去尝试一下。雨轩在大二的时候开始没日没夜地玩游戏，然后从游戏过渡到网络赌博，父母出于面子，每次都是偷偷摸摸地去帮他还了赌债，可这些做法反而成了雨轩继续赌博的推力。

在心理咨询的过程中，咨询师首先让这对父母意识到，他们在以往岁月中把自己的意志强加在孩子的身上、代替孩子作选择的错误做法，都无意识地扼杀了孩子的自我选择权和主见，让孩子丧失了内驱力，陷入沉重的无力感之中。

咨询师同时帮助雨轩形成了自我的认同感，制定了具有自我内驱力的戒赌计划，重建起自我的意识。

所幸雨轩还是非常优秀的，目前正在备考硕士，准备继续深造。雨轩是幸运的，通过赌博的症状让生病的家庭及早得到了医治，且并未对他的前途产生太大的影响。所以，请各位父母一定要了解，孩子的路是需要靠他们自己去走的，父母可以去引导，但不能去控制。

飞扬和陈诚，令人心疼不已，从心理学上来讲，他们选择赌博这种方式，其实是带着毁灭性的，要么毁灭自己，要么毁灭家庭。在家庭中，父母无论是打着爱的名义，还是一味打压责骂，都是对孩子的控制，这种控制给孩子带来的是"内压"，会导致孩子自己向内去攻击自己，到了一定程度，他的"内压"受不了了，就会转向外，比如用赌博这种行为，来攻击父母，用这种毁灭的方式来表达他的反抗，如果用一个词语来形容，就叫作"自杀式攻击"，而在这个行为的背后，深藏着的都是赌博者本人深深的无助、委屈与无奈。

雨轩的家庭，表面看似风平浪静，但其实暗潮涌动。这样家庭出来的孩子，不仅缺乏主见，在遇到困难的时候也容易退缩放弃，甚至误入歧途。在自然界，老鹰尚且知道把雏鹰推向悬崖让它学会飞行，那么作为人类的父母，你的羽翼又能保护孩子多久呢？记住，一定要让孩子自己长出能够搏击长空的翅膀，他才能飞向更广阔的天空。

爱"为名"家庭的特点

（1）孩子的成长、学习、工作甚至婚姻之路都已经被父母安排好了。

（2）父母从小过度关注孩子竞争意识的培养，却缺乏竞争能力的培养。孩子争强好胜，但抗挫能力较差。

（3）父母过于强势，控制欲强，造成孩子内心一直存在反抗意识。

（4）孩子缺乏独立思考能力，易受环境影响。

（5）孩子懒惰，只喜欢简单快捷的方式。

爱"缺失"的家庭

● 爱从来都是靠流动而丰盈

一帆来到戒赌中心的时候，只有19岁，还在上大一，外表看上去是特别乖巧的一个孩子。

一帆的父母在说起孩子的成长过程时，一直认为孩子从小都特别优秀，但当我问他们一帆是从什么时候开始变化的呢？父母竟异口同声地说是初三。一帆从初三开始有了一个大转变，非常叛逆，整夜沉迷于玩游戏，而且在游戏当中会去赌钱，也就是说，一帆从初三起就开始网络赌博了。当我问起初三这一年有什么特别的事情发生时，一家三口同时沉默了。

原来，正是那一年他们夫妻在闹离婚，虽然是瞒着孩子的，但是不巧被一帆看到了他们写的离婚协议。自此以后一帆的脾气开始越来越暴躁，夫妻两人只好放下离婚的事情，想着怎么去共同照顾这个孩子，让他平稳地参加中考，考上一所好的高中。但一帆并没有考上一所好的高中，而是上了一所普通的高中，学习成绩更是一落千丈。然而，虽然一帆的情况越来越糟糕，但父母的关系在帮助孩子的时候反而越来越好了，夫妻两个人因为孩子的情

况结成了同盟。

说到这里，各位读者是不是觉得非常熟悉，一帆和前文提到的小健是不是很相似？孩子为什么会赌博？因为他们都想通过赌博的行为，去拯救父母的婚姻，去挽救这个家庭。孩子无意识地选择了这样一个牺牲自己的方式，希望的却是父母不要分开，而这个牺牲从结果来看是成功的。

咨询师在处理这个家庭的问题时，发现这个家庭是没有沟通的，夫妻之间没有沟通，孩子和父母之间也没有沟通。没有沟通，并不是因为没有爱，而是彼此不知道怎么去表达。在孩子小的时候，他们夫妻之间还稍稍有些沟通，因为要共同去处理孩子的事情，比如辅导孩子的作业，处理家庭琐事，但是等孩子慢慢长大，很多事情不再需要夫妻共同处理的时候，一帆的父母就开始变得越来越没有共同语言了。本来就缺乏沟通，这样一来，矛盾就更明显了，而对于一个孩子来说，当他看到离婚协议的时候，简直就是收到了一个灾难性的消息，感觉天都要塌了。于是这个时候的一帆就肩负起了挽救家庭的重担，可怜弱小的孩子只有通过伤害自己来转移父母的注意力，试图找到曾经的家庭平衡。

咨询师首先让他们找到适合的沟通方式，同时让一帆和父母意识到，他们在认知上出现了一些偏差，只有及时的沟通和表达，才能够让对方感受到爱和关心，爱的基础是沟通，只有互相流动的爱才会越来越丰盈。而一帆，他也要意识到父母是有能力去处理好他们的关系的，他应当尊重父母自己的选择，而不是用伤害自己、牺牲自己的方式，去成全父母的幸福，一帆必须去思考的是他自己真正需要的是什么。

故事的走向可喜可贺，一帆重新考上了大学，虽然是一所普通的二本大学，但他和同学、辅导员的关系都挺好，离开了家庭的一帆学会了为自己的人生负责，而他与父母之间也找到了新的相处方式，人离得远了，爱却多了

第四章 赌博与家庭

许多。

● 孩子啊，父母分开并不意味着爱的减少

志强是妈妈陪着来到戒赌中心的，这位妈妈在社会上是一位女强人，志强站在妈妈的身后，一脸羞愧。妈妈一坐下来就开始诉说孩子这几年沉迷赌博带给她的痛苦，一边说一边流泪，但当我问起孩子的成长经历时，妈妈沉默了。于是我让志强来说他自己的成长经历，可还没开始说，志强的眼睛已经红了。原来，在志强5岁的时候，妈妈就离开了家外出打工，志强上小学的时候就转学了4次，初中又转学了2次，我有些惊诧地问究竟是什么原因频繁转学？是谁提出来要转学？答案是，转学是妈妈提出来的，只因为志强在学校里面经常逃课不做作业，因此妈妈总感觉换一个学校就会好一些。于是，从公立学校转到私立学校，再从私立学校转到一个更好的私立学校，妈妈坚持通过转学的方式去解决这些问题，但结果是，越转学孩子的学习成绩好像就越糟糕。妈妈的这个行为，其实是想通过另一种方式弥补自己在孩子成长过程中的缺失。

当我问起孩子的爸爸时，妈妈就开始抱怨爸爸的糟糕，认为他没有任何能力去带孩子，一事无成，等等。但是我们侧面了解到，其实孩子的爸爸并没有妈妈说的那么糟糕，爸爸是一个普通的打工者，工资待遇一般，只是没有妈妈那么优秀而已。志强说妈妈隔三差五会给他打电话，每次在通话结尾时都会有一句话：你可不能像你爸爸那样没有出息，你可绝对不能像你爸爸、爷爷一样，你一定要好好学习。在妈妈这种理念的长期灌输之下，志强便认为家里的钱都是妈妈挣的，爸爸很糟糕，爷爷也很糟糕，所以他的内心对爸爸和爷爷都是非常看不起的。

而一次又一次的转学，让志强在成长过程中一直都没有固定的朋友，

也没有安全感,而母亲在他5岁的时候离开,于他而言,更是成了心里的一个结。

咨询师在剖析志强赌博的原因时发现,因为妈妈在他很小的时候就离开了他,所以妈妈一直对志强心怀愧疚,不舍得让孩子受任何委屈。在志强很小的时候,只要他不开心或者有需要,妈妈就会去满足他的要求,可能是一件衣服,或者是一双鞋子,志强在学校里面只要受到一点点委屈妈妈就急着给他转学,然后在物质上尽量地去满足他,导致他变得过于追求衣食住行。

可当志强参加工作以后,妈妈却想当然地认为自己已经完成了责任,孩子已经成年了,应该可以独立了,于是,妈妈开始让志强自己去承担衣食住行的各项费用,再也没有像以前那样给予志强经济援助了。然而,志强参加工作以后的收入并不高,满足不了他对物质的需求,当能力配不上欲望,现实和理想的差距越来越大时,从买彩票到网络赌博,志强开始想方设法要一夜暴富。而当妈妈在第一次知道志强网络赌博之后,心中更多的依然是愧疚,她认为这是自己对孩子缺乏关心导致的,所以很爽快地帮他还了赌债,这又导致志强对网络赌博越陷越深。

咨询师在处理这个案例的时候,首先让妈妈意识到,对伴侣不满是大人的事情,不能把孩子牵扯进来,更不能在孩子面前去诋毁自己的另一半,这很容易形成一个魔咒:你越不想让他成为什么样的人,他反而会因为接受了这种长期的负面暗示,而成为这样的人。

同时,母爱在孩子成长过程中的缺失,让她形成的这种内疚心理,并不是用物质就可以弥补的,这种错误的补偿心理,只会让孩子形成对她经济上的依赖。

针对志强本人,咨询师也让他意识到,抛开能力去谈要求是不可取的。志强应当去体会妈妈的不容易、爸爸和爷爷的不容易,同时,还要正确认识

第四章 赌博与家庭

金钱和物质的关系，当下要做的就是如何提升自己的能力，让能力可以与欲望匹配。现在，志强已经重新找到了一份稳定的工作，同时也开始在学业上深造，在物质方面更是懂得了量力而行。

从那么多案例中我们常常会发现，一个赌博成瘾者的家庭，经常会出现父母离异，或者父母没有离异但只是形式上的婚姻关系的情况。那么，离异家庭都有问题吗？并不是！但是当家庭缺失了父爱或者母爱时却会出现问题，因为家庭成员的组成远远没有家庭成员的互动方式更重要。接下来我们要讲的这个故事中的敏儿，就让我们看到了一个在缺爱家庭中孤独成长的女孩。

●我不想成为你这样的妈妈！

敏儿是来到我们戒赌中心的第一个怀孕的女性赌博者，上课的时候都已经有8个月的身孕了。整个过程中我们都小心翼翼，既要照顾她的情绪，又要照顾她的身体。敏儿很年轻，25岁，扎着马尾辫，看背影还像个大学生。敏儿是由丈夫和妈妈陪着过来的，按照常理，怀孕的女儿应该与妈妈很亲密，可敏儿却明显与母亲很疏离，两人的交流也很少。

在心理咨询的过程中，我们了解了这个女孩的成长经历。大概在敏儿还没上学的时候，家里就开始做生意，父母非常忙，忙到没有时间照顾她。外公和外婆在母亲幼年的时候就不在了，祖父母也不在身边，于是父母便将敏儿寄放在隔壁邻居的一个老太太家里，吃饭睡觉都在这个老太太家里。可根据敏儿的回忆，那个老太太骨瘦如柴，长相瘆人，而且喜欢往家里搬一些破烂，所以老太太的房间里总是有一股臭臭的味道。敏儿非常不喜欢父母将她放在别人家里，但是屡次抗议都无果，在敏儿童年的回忆里，充满了惊恐、令人作呕的味道和被父母遗弃的委屈。

等稍微长大些后，敏儿终于可以自己上学放学了，但别的小朋友有人接送，敏儿却永远是自己一个人。敏儿的父母对她非常严厉，父亲少有笑容，也很少与敏儿交流，相较于父亲，母亲则稍微好一点，但也仅仅是满足敏儿物质上的要求。随着家里的生意越做越大，敏儿也逐渐长大，她的学习成绩一直不好，而父母则觉得她是女孩，学习成绩不好也无所谓，反正家里有钱，只是在物质上尽量满足她，从来不去关注她的情感需求。

后来，敏儿一个人去外地读书，本来精神就空虚的她，早早地找了一个男朋友，便顺理成章地结婚、怀孕了。然而，闲在家里无聊的她，终于还是被狐朋狗友拉去玩了抢红包游戏，又慢慢地陷入网络赌博之中，因为家境殷实，母亲反反复复给她还了几次赌债，可面对母亲对她赌博的不理解，敏儿竟冷笑道：现在知道要管我了，早几年去哪里了？！

在本章的开始，我们就探讨了健康家庭的几个标准，其中有一点就是家庭成员要有归属感，而归属感最早来源于我们的原生家庭。家庭对儿童需求的满足和在不同生活事件中与儿童稳定的互动模式，逐渐使他们产生了归属感。小时候，当我们的需求得到满足，就会把世界解读为安全并且接纳自己的，把自己理解为受欢迎且值得被尊重的；当我们的需求得不到满足，或者遇到困难时，家庭成员的回应和解决方式，就会逐渐塑造出我们成年后自己应对困难和挫折的模式。

在敏儿的儿童时期，很不幸，她没有找到归属感，与父母之间的依恋关系并没有形成，因为，儿童与父母之间的依恋并不是通过喂食来维持的，而是通过亲子之间的互动和沟通来建立并维持的。尤其是母亲的角色十分重要，由于孩子对母亲有一种本能的依恋，因此一旦没有得到母亲的回应，那种无助的不安全感将会伴随孩子的一生，所以敏儿对母亲的怨恨会大于父亲。对敏儿来说，她这一生，都在寻找童年失去的安全感，由于父女关系的疏离，她通过早早地恋爱来寻求安全感，但潜意识里，又会有一个念头常常闪现：

第四章 赌博与家庭

我是不够好的,所以父母都不爱我,我不配拥有所有好的东西!这样的念头会让敏儿经常摆出自暴自弃、无所谓的态度,这也是她屡次复赌的根源所在。

咨询师在咨询过程中,带着敏儿重新去建立和母亲的关系,引导她把之前所有的委屈和怨恨一一道出,而母亲也第一次意识到了自己对敏儿曾经造成的伤害。在这对母女之间,爱并不是不存在的,只是彼此都没有去真正地表达,但幸运的是,敏儿现在孕育的孩子,可以让这对母女重新拾起母爱。现在敏儿的孩子已经3个多月了,是个女孩,很乖很漂亮,敏儿和妈妈一起照顾着她。在女儿的身上,敏儿第一次感受到了母亲的爱,仿佛童年又重来了一次,这一刻,她感觉自己既是女儿也是母亲,感觉爱治愈了所有的伤痛,爱也会在这个家庭里继续延续下去。

在中国家庭中,有很多父母都没有时间亲自照顾孩子,生存的无奈、现实的压力,让社会中出现了很多像敏儿这样的家庭,或是隔代抚养的家庭,而隔代抚养的结果则是由于父母无法直接面对孩子,需要祖父母、外祖父母或其他长辈来照顾孩子,从而稀释了亲子互动的浓度。似乎很多父母接受隔代抚养这种不受孩子打扰的方式,事实上,隔代抚养包含了"遗弃"的成分,就孩子的紊乱行为而言,表面上看似是爷爷奶奶娇惯的结果,其实是孩子对这种"遗弃"的愤怒和抗争。把孩子交给自己的父母养育,是爸妈在用孩子置换自己得以成长的空间,用孩子来安慰自己成年后原生家庭里失落的父母,但在这种环境里长大的孩子,最容易缺乏安全感,所以,无论多忙,请不要"逃避"和孩子一起成长的时间。

- ●那些未曾拥有过的爱,长大后再多也补不回来

戒赌中心的戒赌治疗一直是家庭治疗,而吴勇却是孤身一人来的,他说,他不需要家人来支持他。

吴勇，30多岁，家中长子，有一个妹妹，父母都健在。吴勇的父亲是商人，吴勇也是当地有名的年轻企业家，经常给当地百姓捐款捐物。吴勇从小不喜欢读书，初中未毕业就进入社会，想去学一技之长却总是学不好，后来只能进入父亲的家具厂做手工活，做了半年，还比较认真。16岁的时候，吴勇去当兵，在两年的部队生活中，吴勇因为年纪小、吃不了苦经常哭，复员后又在外工作几年，最终还是选择回到了父亲的家具厂工作。26岁时，吴勇开始自己开工厂，开厂之初，村里的人都看不起他，认为他不会成功。恰逢当时吴勇的父亲生意失败，欠了很多外债，可吴勇竟咬着牙把工厂做了起来，仅用5年时间就为父亲偿还了400多万元的债务，而且工厂的收益一直不错。自从工厂赚钱后，吴勇就开始和朋友玩牌赌博，虽赢得少，输得多，但没有玩得很疯狂，而且，吴勇在赌博的10年里一点都没有接触过网络赌博，全都是线下赌博。可自从2021年初起，吴勇开始玩网络赌博了，仅七八月就输了近百万元，他开始感到害怕，觉得控制不了自己了，于是在朋友的陪伴下来到戒赌中心，整个过程中，没有家人的陪伴，也没有家庭的支持。

这个看似独立坚强的男人，对咨询师道出了一个秘密。他有两个家庭，每个家庭都各有两个孩子，目前还有一个女朋友，在恋爱状态中。咨询师发现吴勇有一个明显的心理特点，就是喜欢在生活中掩饰自己，无法活得坦白、真实。合法的妻子不知道他在外面还有家庭和两个孩子，甚至还有女朋友；婚外的家庭虽知道他有妻子和孩子，却不知道他有女朋友；女朋友知道他有妻子和孩子，却不知道他还有另外的家庭和孩子。

咨询师分析了吴勇的赌博历程，发现他在事业上的成功是快速的，不仅在社会上有名望，也获得了村里人及家人的奉承和仰望，而这些"成就"在吴勇看来都是建立在金钱的基础之上的。快速致富，让吴勇逐渐失去了心理的稳定性，而情绪的失控和冲动，更容易诱发他的赌博行为。吴勇在输钱较多的时候，也会感到害怕，正是这种害怕具有节制的功能，让他在失控中停下来审视自己，但因为经济大权掌握在吴勇自己手里，所以当他手头宽裕的时候，他就又会开始赌博。

对吴勇来说，多年反复赌博的恶习也与当地的传统有关，因为打牌是他们当地的习俗，也是一种交际手段，与牌友一起玩牌时，吴勇会有一种归属感。

如同在赌博中寻找归属感，同样，吴勇在亲密关系中也在不断寻找童年时代未被满足的安全感。他有两个家庭，还有一个高学历、高颜值的女朋友，他试图通过建立所谓的新家庭，找回原生家庭原本应该带给他的温情。可惜，从小与父亲的疏离，使得他并不具备"爱人"的能力，并不知道该如何去做好一个丈夫和一个父亲，他与那么多爱人之间的相处模式，也基本多靠金钱来维系，在恋爱和家庭中的那些女人所带给他的被需要感，也只是暂时满足了他内心缺乏的归属感。

原生家庭亲密关系的缺失、过早地进入社会、过多地承担家庭责任，这些都逼着吴勇必须坚强且独立，他不是不需要家人的支持，而是他已经习惯独自一个人。原生家庭让他快速成长，却也剥夺了他原本应该拥有的被爱的权利。

咨询过程中，咨询师让吴勇慢慢学会修复和父母的关系，让自己的内心与性格逐渐完善且强大起来，也许，只有当他能面对真实的自己，不需要再伪装的时候，他才会找回曾经丢失的自信与勇气。

● **长大以后，他变成了他最讨厌的那个人**

许诺的遭遇，和上个故事中的吴勇有点像。许诺35岁左右，是家中的长子，已经成家，育有一女一子。他还有一个弟弟和一个妹妹，弟弟妹妹均未成家，弟弟甚至还未谈过恋爱。

许诺来自农村，言谈间，能够感觉到他非常具有责任感和担当精神，小时候的他就想通过自己的努力改变家庭的命运。许诺的早熟源自他的父亲，许诺的父亲在他很小的时候就因为生意失败欠了债务，逐渐走上了赌博的道路。父亲的赌博行为，引发了父母之间的强烈争吵，父亲在家庭中的不作为、母亲的辛苦，贯穿了许诺的小学和初中时代。父亲在家里基本是透明人，而母亲则承担了家庭所有的重担，干农活、教养孩子等。贫穷还不是让许诺最痛苦的，最痛苦的是，当父母吵架时，他们兄妹三人要在父母之间站队。事实上，兄妹三人一直都在支持母亲，逐渐站在了父亲的对立面，对父亲的仇恨也在许诺心里慢慢萌芽。

初中毕业后，许诺就带着弟弟进入社会打工，后来到上海做生意，短时间内积累了一笔财富，竟有百万元之巨。之后他就开始为父母盖豪华的房子，买豪车，风风光光地结婚，许诺做这一切，其实就是想通过财富去改变僵化的家庭关系和冰冷的家庭氛围。以前他最大的心愿就是等有钱后，家人之间可以融洽相处，父母之间不要再吵架，而自己对父亲的恨也能逐渐消失。遗憾的是，钱并没有带来幸福，漂亮气派的房子、富裕的物质生活，并没有改变父母之间的关系，他们依然吵架，而自己依然仇恨父亲。许诺自己也承认，他对父亲的态度很恶劣，经常会不由自主地去指责、教育父亲。

当许诺发现自己一直以为的有钱了就可以改变家庭关系的梦想破灭后，他很失望，他奋斗的动力消失了，之后便逐渐颓废，放弃努力，开始和一群狐朋狗友吃喝玩乐，并接触到赌博、染上了赌瘾。他最痛恨赌博的父亲，而他自己，却变成了自己最讨厌的那个人。

心理咨询师解释了这种行为：在许诺的成长过程中，父亲这个身份的缺失，令这个家庭的角色错位，导致许诺做了父亲的这个角色，承担起了父亲应该承担的责任。但是作为一个孩子，许诺的自我发展和个体分离这个部分并没有完成，通俗地说便是，他还没有做好成为一个成年人的准备，他还不能够完全做自己，他唯一能做的，就是复制父母的行为。许诺在成长初期努力工作、拼命赚钱，带着弟弟妹妹发财，是在复制母亲的生活和做人原则。在改变家庭关系的愿望破灭后，他又转向父亲，开始复制父亲的人生和生活理念，这个时候许诺显示出来的是对父亲的认同，虽然他是以一种恨的方式，表达的却是对父亲的爱和依赖。

在这种互相纠缠的家庭关系中，弟弟也深受其害，他不想交女友、不考虑结婚，正是因为看到自己父母和哥哥嫂嫂的婚姻中糟糕的夫妻关系，他对婚姻和亲密关系产生了恐惧。这个家庭最大的特点是：个体与家庭的分离未完成，家庭成员在心理上彼此都很依赖，3个成年子女，其实都没有长大。而当孩子未能与父母在心理上分离时，就会很忠诚于家庭、忠诚于父母，在行为上也会不断地复制父母，哪怕并不喜欢，尤其当自己的努力付诸东流时，甚至会怀疑自己，可凭借自己的人生经验又想不出第三条方法来解决当下的问题，以致心理防线全线崩塌。

由于许诺没有做自己的能力，所以他只能向父母看齐，复制父母的人生。因此，染上赌瘾的不只是许诺，而是他们全家。

心理咨询师所做的最重要的工作，就是帮助这个家庭进行家庭成员的心理分离，让他们彼此有距离、有界限。而许诺要做的则是专心于自己的家庭，处理好夫妻关系和孩子的教育问题，让自己真正从原生家庭的桎梏中脱离出来，变成一个真正独立的成年人。

爱"缺失"家庭的特点

（1）家庭成员之间没有或很少沟通交流，尤其是关于内心想法的沟通交流。

（2）父母一方有缺失，造成父母间另一方过多承担教养子女的责任。尤其是孩子青春期时父母没有或过少参与孩子的性格形成。

第四章 赌博与家庭

做自己的父母

我们无法选择自己的原生家庭，我们的童年也不可能重来一次，父母也是第一次做父母，我们不能要求他们什么都懂。但如果此时此刻，你意识到你或者你的家庭生了病，产生了症状（症状是我们隐藏的语言），而你正遭受这些症状带来的痛苦，那就请试着从对它的讨厌和憎恨中停下来，好好地审视一番，这些症状隐含着什么？如果我们还在继续不停地试图改变我们的父母，期望他们变得完美，那我们就会一直像个孩子般蹉跎一生，终究徒劳无获。

如果你真的很不幸，未能在幼儿阶段获得父母的积极回应，成长之路就会比较艰难，但这并不是灾难性的不归路。你可以选择认命，认命不是屈服，而是一种接纳，接纳不等于认同，更不是懦弱，而是一种更高的力量，一种与自我和解的力量。我们可以接纳自己有不完美的父母，可以尝试做自己的"父母"，利用在这条路上艰辛跋涉所获得的经验回应和照顾自己。

如何做自己的"父母"呢？

首先，要理解自己对理想父母的期待和失望，你的期待是什么？你的失望是什么？

其次，将对父母的失望逐一列出来，告诉自己，这些不足的确影响了自己的成长，是你的不幸，但不是你的错。如果父母愿意陪你一起改变，这的确是一条修复之路。如果父母不愿意，你将独自踏上自我修复之路，这对你来说的确很委屈，但是你未来的命运将掌握在自己的手中。

最后，将你对理想父母的期待逐一列出来，尝试用你期待的父母行为来对待自己。例如，当你心情不好时，像理想的母亲一样理解自己、安慰自己，而不是苛责和压抑自己。如果你已经长大，要尝试着放弃对完美父母的幻想，改变不了过去和出身，但是可以创造属于自己的未来，这样，你就会继续成长。

思考与练习

列出对理想父母的失望和期待：

失望：_____

_____

期待：_____

_____

我的改变计划：_____

_____

_____

下篇

第五章
戒赌,究竟要戒的是什么

戒赌，究竟要戒的是什么？赌博成瘾很痛苦，想戒，可就是戒不掉，怎么办？

在本章中，作者以 15 年与众多赌博受害者接触的实践经验，与读者朋友探讨戒赌背后的底层逻辑。

第五章 戒赌，究竟要戒的是什么

戒赌背后的底层逻辑

在本书的上半部分，我们主要分析了赌博成瘾的生理和心理成因，接下来的下半部分，我们就来看看一旦家中已经有了赌博成瘾者，家庭应该如何用正确的方法去处理。

在与赌博受害者接触的15年里，我听得最多的一句话就是："侣老师，我很痛苦，我也想戒，可就是戒不掉。"很多赌博受害者家人也很想不通：又没有人用枪逼着他去，为什么他自己就控制不住呢？先抛开身体方面的成瘾因素不谈，如果想要摆脱赌博带来的痛苦感受，我们首先要清晰地知道戒赌的底层逻辑是什么，只要能做到以下这三个词，就可以彻底摆脱赌博的纠缠。

第一个词　放下

放下的是什么？放下的是过去，放下过去我们因为赌博而失去的东西。我相信大家首先想到的是失去的金钱，那是曾经辛苦工作赚来的钱，甚至是家庭三代人累计的财富，实在不甘心这些钱付之东流！不管是因为什么沾染上了赌博，很多人反复赌博似乎都是因为这个冠冕堂皇的理由：我只要把输的钱赢回来就不会再赌了！且先不说赢钱之后你会不会停，这个道理在上半部分已经阐述过了，我现在只想问你一句：你的债务是从哪里来的？你失去的金钱都去了哪里？答案是不是赌博！你所有的债务都是从赌博而来，那请问现在的你又是从哪里来的自信，觉得自己会从赌博这里赚到钱呢？在赌博中，所有的赢钱都是过程，输钱才是结果。哪一次，你不是输光了洗白了才会暂时停手呢？放下你的不甘心吧，这个不甘心在赌博中是找不回来的！

比金钱更需要放下的，是你在赌博中失去的面子和尊严。因为赌博，你到处借钱、骗钱，已经把自己的人际关系伤害殆尽，早已经没有相信你的亲戚朋友，只有父母还会跟你说上几句话。曾经那么优秀骄傲的人，如今却成了别人嘴里没有人性的烂赌鬼，失去工作、失去爱情、失去家庭，也失去了曾经的光鲜生活。很多处于赌博后期的人，或者已经在戒赌路上的人，都会因为忍受不了别人歧视的眼光而丧失斗志，用现在的一个流行词形容就叫作"躺平"，索性继续赌下去，或者什么事也不干天天自怨自艾。在这里我想提醒你的是，在这个世界上，也许除了你和你的亲人，没有人会真正在乎你现在过得怎么样，你所谓的别人看你的眼光不过是你自己的心魔，你也没有你自己想象的那么重要。每个人都有自己的生活，你的故事就像一阵风，不过是在别人心里吹起了一层浅浅的涟漪而已。生活是你自己的，和任何人无关，尊严也是你自己给自己的，不用去在乎别人怎么看你，也不用去在乎别人怎么说你，别人眼里的你并不是真正的你，你要走的路只能自己一个人走完。

放下过去是戒赌最关键的第一步，放不下、不甘心，会让你永远走不出赌博的魔咒。

第二个词　接受

放下过去后，你要接受的是当下、是现状。经过长时间赌博的折磨后，赌博受害者都会产生一种自闭、自卑的心理，如果不能接受当下的自己，就

第五章　戒赌，究竟要戒的是什么

会因此而讨厌自己。我接触的大部分赌博者，在没触碰赌博之前大都是很聪明、很优秀的人。然而在经历了多年的赌博后，这些人原有的自信和骄傲都消失了，还因为多年的日夜颠倒、没有规律的生活和大起大落引发的焦虑，出现了肥胖、早衰、脱发等外貌上的改变，这些也是他们不喜欢自己的地方。他们还有一个不能接受的，就是失败的感觉。之前的他们在成长道路上都是一帆风顺的，或是被父母安排得明明白白的，但是赌博给他们带来的却是失败感、失控感，这无疑是致命的，在他们的潜意识里，是无法接受这种失败的。

在这里我想说的是，你一定要学会接受当下的自己，因为只有接受了才能够去正视，只有敢去正视当下犯错的自己，这个错才会过去，坦然承认自己的失败，才能从失败中站起来。你要知道，除去犯了赌博这个错误外，你所有的一切都在，只要你敢去面对、敢去接受，你就可以从赌博当中走出来，不但能走出来，你还会从戒赌当中收获宝贵的人生经验。

第三个词　希望

希望这个词，送给走向未来的你。有很多赌博受害者来到戒赌中心，会说自己已经没有未来、没有希望了，所以赌和不赌没有任何区别，不如再赌。在他们看来，如果不去赌，那就是百分之百的失败；但如果再去赌的话，哪怕是千分之一、万分之一的成功率，总还是有些希望的。在这里我想说的是，赌博者没有未来，这个观点其实是非常错误的，但如果再去赌，倒真是一丁点儿希望都不会再有了。你应当明白，有没有未来并不取决于有没有财富，而是取决于你如何定义你的人生。当我们来到这个世界，本就什么都没带来，当我们离开这个世界，也带不走任何东西，所以，如果你要用身外之物去定义你的一生，那你注定只会为它所困。债务不应该是你再次赌博的理由，如

果当下的债务你处理不了，那我们可以带着它向前走，而不是被债务拖向深渊。举个大家都知道的真实例子，因锤子科技破产欠下6亿元债务的罗永浩，从2020年4月开始在抖音直播带货，他计划用两三年的时间还清债务后，重新开启新事业。

你的债务有罗永浩多吗？一般人如果欠下6亿元债务，绝大部分都会选择"躺平"了，可是他没有，他积极面对一切，用自己的实际行动为自己带来希望。

我一直有个观点，你负债多少，是和你赚钱的能力成正比的，也就是说，你负债的金额，一定是你通过正当途径可以赚到的，只是在此时此刻，你只看到赌博这一条路，却忘了，你在接触赌博之前，也是有赚钱能力的。

给大家分享一个真实的故事，让我们一起看看这个赌博受害者是如何重新找回未来的。

这个赌博者已经40岁了，是在母亲的陪同下来戒赌中心的，他总共输了1200万元，把家里的房子、所有能卖的全部卖完后，才还了200万元，也就是说，他还欠别人1000万元。当时来戒赌中心学习的时候他是非常排斥的，因为他认为自己即使戒掉了赌博也是没有任何意义的，但他在学习完5天的课程以后，整个人就有了一个全新的改变。

他接受了当下1000万元的债务，从此以后变得非常阳光积极，几乎每个月都会来戒赌中心一次。2021年9月，他是和妈妈、女儿一起来的，他的女儿已经12岁了，3个人一起来到戒赌中心的时候都非常开心。他妈妈对我说："侣老师，我谢谢您，让我们家庭那么快走出赌博的阴影，问题马上都要解决完了！"我感觉很惊讶，问她1000万元这么快都挣到了吗？原来不是短时间挣到了这么多，而是通过谈判减轻了债务压力。他妈妈说，这1000万元当中有700万元原本是有利息的，他自己首先说服了别人从此以后不再要利息

第五章 戒赌，究竟要戒的是什么

了，还把以前给的利息都转换成了本金归还；另外还有 100 万元是带利息的，他非常有信心把这 100 万元也通过谈判协调好，只要这 100 万元也能不要利息，就有希望通过努力很快还清这 1000 万元了！

从这个案例中我们可以看到，1000 万元在很多家庭当中绝对算得上是一个大数字，而输了 1200 万元的人，能够戒掉赌博，能够正常地回归生活，就是因为他在积极地面对并处理问题。只要停下赌博，债务就不会增加，只要债务慢慢减少，生活就有了希望。他是一个 40 岁的人，用孔子的话说，四十不惑，已经到了不惑之年的他，还有这样的信心，所以我相信，正在看这本书的你，也同样会有这样的能力去创造自己的未来，只要你能做到放下过去、接受当下、对未来充满信心，你的人生就有希望。

思考与练习

请你回想，赌博过程中，你最不能放下的是：
_____
_____
_____

为什么放不下：
_____
_____
_____

如果放下了，你的生活会有什么样的改变：
_____
_____
_____

放下的行动计划：
_____
_____
_____

第六章

戒赌其实一点都不难

万物生长都需要天地人和，如果把赌瘾比喻成自然生物，那它也并非横空出世，从孕育到被滋养到茁壮成长，赌瘾的滋生也遵循着生物生长的规律。在本章中，我们将揭开赌瘾滋生的全过程，揭示那些会阻碍我们成功戒赌的错误处理方式，也许等读完本章，你就会发现，戒赌其实一点都不难。

第六章 戒赌其实一点都不难

滋生赌瘾的三大助力

土壤

有什么样的土壤就会长出什么样的苗，有什么样的苗就会结出什么样的果，对于赌博者来说，这个土壤就是家庭成长环境。关于家庭和赌博的关系，我们在第四章中已经做了详尽的阐述，而在本章中，我们将从赌博者本人的角度来看看容易滋生赌博行为的家庭环境。

●情感支持系统极其缺乏

情感支持一般泛指感情上给予的一切鼓励、关心和爱护。马斯洛的需求层次理论指出，人类的需求像阶梯一样从低到高分为五个层次，分别是：生理上的需求、安全上的需求、情感和归属的需求、尊重的需求和自我实现的需求。在满足了生理和安全上的需求后，人们就产生了情感和归属的需求，而一般赌博成瘾者在情感和归属方面的需求是很少被满足的。从诸多戒赌案例中我们发现：有些人在小时候常常被父母打骂或指责；有些人在学习好的时候常常受到表扬，在学习不好的时候却被狠狠批评；有些人在悲伤的时候只能自己偷偷哭泣，却在快乐的时候被父母说得意忘形，等等。

于是他们得出了一个结论：我不可以表现出自己的真实情感，只有成功才是有价值的。在这种想法的驱使下，他们开始离自己的真实感受越来越远，以致内心空虚，而赌博赢钱带来的快乐，则让他们久久不能忘怀，找到了久违的存在感。由于这种感觉替代了情感上的匮乏，所以他们明知赌博的危害，也要飞蛾扑火。

如果你问赌博成瘾者一个问题：假设你有了钱，你会有什么不同吗？他们的回答会惊人地相似：我会让亲人看到一个不一样的我，到那时，他们对我的态度也会完全不一样，会充满了欣赏和关注。看到了吗？这就是赌博成瘾者对情感和归属需要的具体表现。

● **被身边的人极度管控**

我们发现有这样一部分现象：赌博成瘾者要么有一个强势的母亲，要么有一个强势的妻子。她们会经常打电话问赌博成瘾者：你在哪儿？你在做什么？她们还会喋喋不休地把生活中的细节安排得滴水不漏。赌博成瘾者在这样的管控下会形成一种习惯，不再去思考自己在那个时刻真正需要的是什么，只会被动地接受、再接受母亲或妻子安排给自己的生活，人也变得越来越麻木。在这样的母亲和妻子背后都有一个空洞、匮乏的灵魂，她们把孩子或老公的生活当作自己的来过，同时剥夺了赌博成瘾者过好自己生活的权利。空虚感、匮乏感将赌博成瘾者淹没，而赌博则成了一种打破局面的方式。

心理咨询师通过帮助焦虑的母亲或妻子恢复到心理健康水平，重新找到自己想要的生活，最终把生命的权利交还给赌博成瘾者，以达到戒赌的目的。

● **找不到自己的价值**

我是谁？我来到这个世界是为了什么？我又会给这个世界留下什么？当你在回答这几个问题时，就会对自己的生命产生深深的思考。当你发现自己

第六章 戒赌其实一点都不难

总是很空虚、无聊，要用手机或电脑打发时间，躁动的心经常无处安放时，说明你把自己弄丢了，你不知道你要成为谁，也不知道自己需要什么，这种迷茫感会把你带入到赌博之中，用来逃避难耐的孤独感和空虚感。

赌博只是一种外显的行为，如果在个体成长的过程中有上面说的这些环境，那一定不止产生赌博这一种不良行为，而要纠正这样的行为，还是在于重建三观认知和家庭的支持系统。

每一个赌博成瘾者背后，都有一个没有被满足的欲望，而赌博的行为，恰恰短暂地满足了这个需求，虽然是饮鸩止渴，但即时的满足感，的确会让人上瘾。

上述的内容是从心理层面上对致瘾环境的描述，从现实角度来讲，如果生长的环境有赌博的风俗传统，家庭中的至亲有赌博的习惯，那人们沾染赌博的风险更高。还有一种是关于赌博是否会遗传的讨论，虽说到目前为止还没有确切的临床数据显示赌博具有遗传性，但是同样的生活环境、从小接受的教育，以及具备可遗传性的冒险基因，都会使得有赌博史的家庭中出现第二代、第三代赌博者的概率增加。

养分

土壤合适了，决定是否能茁壮成长的因素就是每天浇灌的养分了，也许你会有点震惊，让赌博者本人在赌博领域"疯狂成长"的养分，竟是由赌博者家人提供的。赌博—负债—坦白—家人还债—复赌，是不是这样的一个循环过程？

在这个循环过程中，家庭成了赌博者取之不尽的"弹药库"，每次在他节节败退的时候，家人总会及时地送上"弹药"，让他绝处重生，继续赌博。

也许有的家人会说，孩子负债了，如果不给他还债，他的征信就会受损；如果单位知道了，他的工作可能保不住；如果他的爱人知道了，婚姻也可能保不住。在这里我想说的是，只要是在赌博者本人还没有对赌博有一个正确的认识之前，在本人因赌博而扭曲的三观没有得到纠正之前，那么所有帮助赌博者还债的行为就都是在助长他的赌博欲望，等到了末期，家人所希望保住的东西一样都保不住，因为赌博这个恶果已经被滋养得"硕果累累"。在赌博中损失越多，戒赌的难度也会相应增加，所以正确的做法是先戒赌再处理债务，而不是大家普遍认为的，只要处理了债务，赌就自然戒掉了，这个错误的理论已经让无数家庭在赌博泥潭中越陷越深！

光合作用

土壤、养分条件具备了，生长还需要的就是光合作用，在赌博中的光合作用，指的是社会大环境对人三观的影响和塑造。

来到戒赌中心的人群中，58.3%的人年龄在20~30岁之间，也就是"90后"和"00后"，32.5%的人年龄在30~40岁之间，也就是"85后"左右（本数据来自戒成戒赌数据统计中心），而"85后"、"90后"和"00后"的年轻人，在赚钱和消费的观念上和"70后""60后"完全不同，这与他们所处的时代大环境有关。

改革开放初期，不少人靠钻法律的空子一夜暴富。甚至直到今天，很多人心中仍持有这样一个观念：能钻法律的空子赚钱是本事，且并没有什么可耻的。要知道，社会的进步一方面靠经济的发展，另一方面则靠人文思想的建设，两者应当相辅相成。若一个人没有正确的价值观做导向，就会认为金钱是衡量成功的唯一标准，即认为有钱就是成功，更火上浇油的是，伴随着目前物质的极大丰盈，民众的确看到了有钱所能享受到的很多优待。

当时代进入到 21 世纪 20 年代后，自媒体和社交软件在很大程度上加速了信息的传播，任何人都能够通过社交媒体去分享自己的生活。这导致很多信息被夸大甚至虚假化，造成人们相互攀比。大多数人在潜意识里都想成功和出名，希望自己比别人过得好，目前在年轻人中流行的整容、直播、带货等潮流，其实正在变相地塑造出一批批一夜暴富的"精英"。当一个人想在获取财富的路上走捷径、博眼球，赌博无疑吻合了他的价值观和人性中的懒惰与贪婪。

君子爱财取之有道，追逐财富和成功无可厚非，关键在于对财富要有正确的认识，不要让自己的三观被一些不良的社会风气左右，也不能看到别人通过邪门歪道获得所谓的成功就眼红。

土壤、养分和光合作用，无意中都助长了赌博这颗恶果。当家里有人沾染了赌博，不正确的处理方式会把赌博者本人及其家人推向更深的深渊。在接下来的一节中，我们要讲的是戒赌的三大阻力。

戒赌之路的三大阻力

在我看来，戒赌其实是很简单的事情，尤其是在赌博者早期对赌博依赖性还不强的时候。但很遗憾，根据我多年的经验和观察，赌博者在戒赌的路上面临三大阻力。

死要面子

第一个戒赌的阻力是，家人死要面子。自古以来，赌博都被视为羞于启齿的事情，传统观念里更是会把赌博者和品行不良、丧失人性联系在一起。与之相反的是，大多数的赌博者在赌博之前都是很优秀的，智商高、学历高、工作也很不错，属于别人羡慕的对象，正因为如此，当他们一旦赌博、欠下债务，被追讨且引发出巨大的负面影响时，本人及其家人都无法接受。所以，为了孩子的面子、自己的面子，很多家长就只想瞒住别人关起门来自己解决，哪怕倾家荡产也要为孩子归还赌债，但这种行为正如前面章节里所说的，事实上是在不断地为孩子继续赌博"输送弹药"。

赌博者的家人们应当改变对赌博成瘾这件事的认知和态度，要知道，目前现代医学已经把赌博成瘾定义为病理性赌博症，属于非物质成瘾性心理疾病。那么，既然赌博成瘾已经被定义成一个疾病，就不再是靠我们自己关起门来就可以解决的问题了，而是要通过专业机构建议的正确处理方式，才能真正挽救赌博者本人和整个家庭，讳疾忌医，只会让病情加重到无可挽回的地步。与面子相比，孩子的未来、家庭的兴衰，哪个更重要，相信赌博者的家人们都一定会有正确的判断。

盲目信任

第二个戒赌的阻力是，家人的盲目信任。赌博—负债—坦白—家人还债—复赌，每一次孩子的痛哭流涕、写血书、发誓，甚至自残自伤，都会让父母心软，从而选择盲目地信任、盲目地包容，相信孩子一次次承诺的不再赌，却又一次次地失望，从而陷入无尽的循环之中。赌博者本人坦白的次数，在我们中心的最高纪录是28次，28次向父母保证不再赌，但很遗憾的是，依然没有戒掉。赌博者的家人一定要知道，赌博成瘾的行为是病理性的，并不是赌博者不想戒，而是靠他们自己的意志力是无法完全戒掉的，所以当家人一旦发现赌博者已经达到病理性赌博的程度时，就需要向专业机构寻求帮助。

指责抱怨

第三个戒赌的阻力是，家人只知道指责、抱怨。家里常常充满了火药味，这些都会让赌博者产生逆反心理，这种心理包括：愧疚、自责、破罐破摔、孤注一掷，甚至是丧失活下去的勇气。这类心理不仅会导致复赌行为的发生，也更容易把赌博者本人推向轻生的边缘，直至走到家破人亡的绝境。

还是这句话，戒赌其实并不难，只要我们放下对赌博的一些错误认知，及早、及时地采取正确的处理方式,就能帮助赌博者本人快速走出病症。他们不是坏人,只是生了病。让我们用对待病人的方式去包容他们、帮助他们,给他们足够的时间和理解,我们要相信,爱可以治愈一切伤痛。

思考与练习

我戒赌的阻力是:

_____

_____

_____

我的改进计划:

_____

_____

_____

第七章 戒赌的三大核心

本章将着重阐述戒赌的三大核心：认知、行为和支持系统。如果你是真心实意想要彻底走出赌博深渊，只要按照本章的内容一步步践行，并且坚持下去，就一定会成功，只要能扛过戒断期的戒断反应，生理和心理的痛苦就会逐渐减少，直至消失。如果你已经做好充分的戒赌准备，可以在戒断初期，寻求专业机构的专业指导，从而形成有步骤、有计划的戒断方案，并通过本人、家庭、专业机构三方共同搭建支持系统，最终打败心魔，彻底告别灰暗的记忆，重新扬起生命的风帆。当然，这其中最关键的就是行动，行动才是通向幸福的唯一路径。

第七章 戒赌的三大核心

认知——重建正确的金钱观、价值观

首先，我们来探讨一下金钱观和价值观。

金钱的确可以调动很多社会上的资源，如果没有钱，有可能会寸步难行，但即便如此，我们也要树立正确的金钱观。有很多人把自己的财富与人生价值画上等号，认为有钱就是有价值，人生追求的终极目标就是财富，事实真的是这样吗？我想问大家几个问题。

金钱对你来说是什么？

首先我们需要思考金钱的用途。从表面上来看，金钱是我们劳动的产物，是等价交换的媒介，同时，我们通过生活，赋予了金钱很多不同的含义。比如说，对于一个病人，金钱就是救命的稻草；对于一个学生，金钱是可以让他继续学习下去的要素；对于一个商人，金钱是他可以继续商业行为的媒介。那金钱对于你来说，到底是什么呢？

金钱该从哪里来？

金钱确实是对我们吸引力非常大的东西，对于如何获得金钱，古人有云：

"取之合宜谓之义，无求非分谓之礼。"只有合情合理、合法合德地挣钱和量入为出、留有余地地花钱才是适当的。但是在赌博中，我们只想着不劳而获，惦记着别人口袋里的钱。我们的钱从哪里来，也就决定着它能不能留住。

金钱 = 幸福吗？

很多人会说金钱是万恶之源，其实从本质上讲，金钱是中性的，既不是善的也不是恶的，只在于人们如何认识它、如何获取它、如何使用它。合理利用金钱，金钱就是幸福的来源。正所谓"君子爱财，取之有道"，通过光明正大的手段赚来的钱，可以享用，而通过不正当手段赚来的钱，享用的时候也不会心安。很多赌博者回忆，赢了钱后，连几十块钱的东西都不舍得买，但是却能把它投入到新一轮的赌博之中。我想那个时候，也无幸福可言吧！

我深刻地记得自己曾拿第一次辛勤劳动赚来的钱买了一根雪糕的经历，那根雪糕是我这辈子吃过最甜的雪糕；我也曾用自己赚的工资给妈妈买了一件衣服，那一刻，妈妈脸上洋溢的笑容让我觉得幸福不就是这样的吗？所以，让我们一起来回忆一下，那些以往所有与幸福有关的记忆，都是金钱带来的吗？金钱等于幸福吗？

如果金钱可以带给你梦寐以求的、让你快乐的东西，那你就是金钱的主人；如果金钱带给你的不是快乐，而是不断的恐惧和患得患失，让你常常感到不如别人、不够富足，心中对金钱的执念越来越深，那就证明你其实需要的并不是更多的钱，而是感知幸福的能力。金钱不是坏东西，关键在于你如何看待它。总有些东西超越金钱，是我们心里更为珍视的。

第七章 戒赌的三大核心

思考与练习

填写价值金字塔（如图7-1所示）是一次关于金钱和价值观的深度思考，请认真思考并填写。

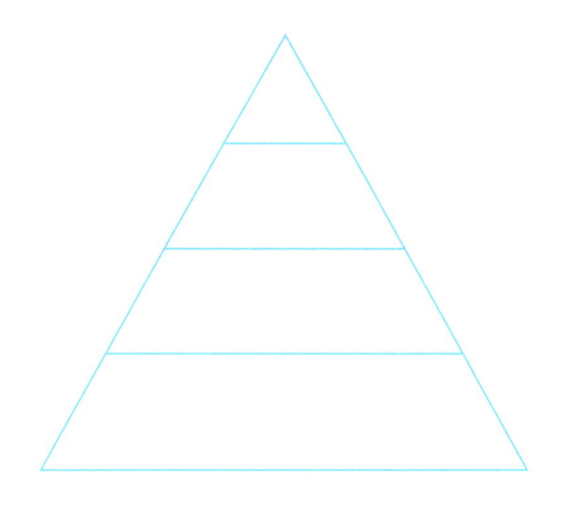

图7-1 价值金字塔

请把如下词汇填入你的每一层价值金字塔内：

权力、智慧、诚信、爱情、亲情、友情、地位、成就、尊重、金钱、自由、快乐、健康、家庭。

规则：

（1）处于金字塔越上方的词意味着对你的价值越大。

（2）金字塔尖只能填一个词，这个词是你用多少金钱都不愿意交换的。

（3）其他层可以任意填写，不限词语数量。

填完了吗？看一下你在金字塔尖填写的那个词，你知道对你来说最重要的是什么了吗？那个给你多少钱你都不会换的东西，会是什么？原来，还有很多远远比金钱更重要的东西，而这些东西才是我们应该努力去追求的幸福。

第七章 戒赌的三大核心

行为——远离赌博这个坏习惯

在多年帮助赌博受害家庭戒赌的过程中,我经常听见赌博者痛苦地抱怨:我就是戒不掉,赌博已经成为我的一种习惯。说得没错,赌博成瘾性行为的确可以解读为一种习惯,那这个习惯为何会产生?是不是戒掉了这个坏习惯,就戒赌成功了呢?在本节中我们将充分讨论在戒赌中的一些行为,它是一个与坏习惯脱离的过程,也是一个建立好习惯的过程。

认知决定行为,行为决定习惯,习惯决定命运。

赌博是一个习惯

我们先来看看一个习惯是如何养成的。每当我们在生活中遇到新的问题时,如果不知道该从何入手,我们就会去尝试一些新方法,而在我们偶然尝试了一个新方法,并且获得了一个意想不到的奖励后,我们的大脑就立即捕捉到了愉悦的感觉:这个方法好像不错。这是人类全部行为背后的反馈回路:尝试、失败、学习,然后进行不同的尝试。经过一番练习,那些无用的动作逐渐消失,而有用的动作得到强化,这就是习惯的过程。而当下一次类似的问题再出现后,我们的大脑就无须再去尝试,而是直接采用它判断为有效的方式来处理。简单地说,你的习惯只是你经常面临的问题和压力的自动解决

方案。随着习惯的形成，大脑的活跃程度渐渐降低，你学会了锁定预示成功的线索，并忽略其他一切。你的大脑会直接跳过试错环节，并创立一条规则：如果是这种情形，就要用这种方式应对。打个比方，只要情况合适，人的反应过程就会自动安装这些认知脚本并开始运行。

拿赌博举例，也许是在某一个寂寞无聊的夜晚，你的心中升起一股低落的情绪，偶然地，你看到了手机发来的平台邀请，于是你出于好奇和打发时间的心态点进去玩了一会儿，没想到，无聊低落的心情消失了，你觉得很刺激很兴奋，你的多巴胺开始分泌，尤其是在你赢钱的时候，你觉得非常快乐，一种莫名的成就感从内心升腾起来。第二天晚上，那种低落的情绪又来了，你不禁想起了昨晚的快乐体验，仅仅是想起，你都觉得肾上腺素飙升，心里有一种莫名兴奋的快感，于是，你又点进去玩了起来。玩了一个晚上，有输有赢，你觉得不能这样沉溺进去，于是你删除了软件，想要忘记这一切。又过了两天，因为工作的关系，你被领导数落了一番，内心的委屈失落让你的心情很不好，这个时候，你的大脑提示你，那个曾经让你快乐开心的感受在哪里？于是，你来精神了，立马下载了那个平台，又开始玩了起来。从此以后，只要当你觉得不开心或者无聊，都会不由自主地去玩两把，哪怕是输，你也控制不了自己。这时，赌博变成了习惯，成了你排解负面情绪的解决方案，有些人不开心了会去跑步，有些人会去购物，有些人会去吃美食，很不幸，你的解决方案是赌博。

为什么沾染不良习惯那么容易，培养好习惯却如此困难？因为改进日常习惯会左右人生发展的轨迹，其影响力之大几乎超过了所有事情。且即使有真实的努力和偶尔爆发的十足冲劲，要连续几天保持往往也很难做到。像健身、冥想、写日记和健康饮食这样的行为过了一两天就成了心理负担。而反之，一旦你养成了习惯，它们就会如影随形，挥之不去，那些不良习惯更是如此，比如吃垃圾食品、沉迷于玩手机、吸烟,甚至赌博。

改掉一个坏习惯具有挑战性,一个很重要的原因是:我们没有找对试图改变的东西。接下来,我先来带领大家探讨我们究竟要改变的是什么。

改变的核心是什么?

在以往的认知中,我们最希望改变的是结果。

比如我要考上研究生,我要瘦 20 斤,我要戒烟,我要戒赌。

但是不改变行为,我们就很难改变结果。所以,我们会尝试各种各样为达到结果的行为,比如背书苦读、每天去健身房 2 个小时等,这其实就是我们在养成新习惯的过程,但是很多时候,因为过程太痛苦,好习惯的养成也就不了了之了。

什么样的改变,能够让我们坚持下去呢?

改变的核心是身份的改变(如图 7-2 所示)!

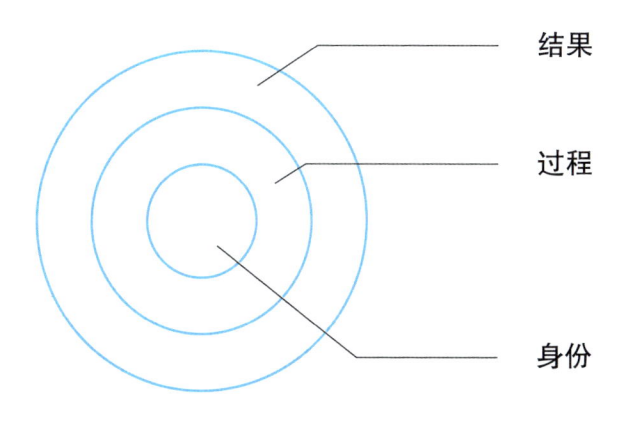

图 7-2　行为改变的三个层次

身份是什么？其实就是我们所看待的我们和这个世界的关系，是我们给自己下的定义，关乎的内容包括我们的世界观、价值观、金钱观和我们追求的终极目标，也就是我们是什么样的人。如果我们想改变一些坏习惯，建立新习惯，我们也可以这样思考：我想成为什么样的人？我们所有的习惯都应该是基于身份而培养的。

举个例子，想象这样一个场景：在饭桌上，当有人敬酒时，甲说："谢谢，我正在戒酒。"这听起来像是一个很好的理由，但其实他的潜台词是：我是一个爱喝酒的人，只是正在竭力克制自己。在大多数情况下，甲会在别人屡次劝酒后破戒开喝。如果甲一口回绝："不，谢谢。我不喝酒。"这个回答只有几个字不同，但它却明确表示了这个人身份的转变，从"过程"变成了"结果"，从"成为"变成了"是"，这是一个内在核心的转变，这就是基于身份的转变。

你"是"什么样的人，当你的内心认同这个身份时，你的身份就决定着你的行为， 而你的行为就是你的习惯，与身份不匹配的行为很难持续。拿我自己打比方，我对自己的身份认定是，**我是一个自律、健康的人，** 那我就不会去做那些破坏自律和健康的事情。比如，我会每天6点起床早读，只要晚上不上课都会去健身房锻炼1个小时，可以看到我的身份和我的习惯是相符的。所以，每个行动体系的背后都有信念的支撑，它就是隐藏在习惯背后的身份。

如果你想成为一个健康的人，而你的行为是天天坐在沙发上玩手机、吃垃圾食品，你的行为习惯与你的身份背道而驰，哪怕你制定再多的计划，你依然不会有改变，因为你的信念系统也就是身份没有改变，**人是没办法做与自己身份不符合的事情的。** 所以，如果你想彻底不碰赌博，就不能仅仅通过一些行为上的管控来期待结果发生变化，而应当从根源的身份上去改变。如果赌博让你失去了善良、正直等优良品质，那从此刻开始，你就努力让自己成为那个拥有善良、正直等优良品质的人。"我的身份决定了我的行为，从此以后，我不会再做不符合我'身份'的事"，如果把这个信念植入内心，请问，你还会去触碰赌博吗？

激励的终极目标就是让习惯与你的身份融为一体。不是"想成为"，而是"我就是"！

你越对自己的身份引以为傲，你就越有信心和动力去坚持能彰显你身份的习惯。行为改变的核心层次是身份的改变。任何人都能下楼跑几圈，或者吃一两次无酱汁的蔬菜色拉，但能让一个人长时间坚持下去的唯一原因是这个习惯已经与他的身份相结合。

- 目标不是减20斤，而是成为健康的人。
- 目标不是学会弹钢琴，而是成为有情趣的人。
- 目标不是戒赌，而是成为一个自信、善良、勤劳的人。

反过来说，你的习惯也是体现你身份的方式。如果你每天都整理房间，你表现的是一个有条理的人的身份；如果你经常写作，你表现的是一个有思考力的人的身份。

习惯重复的次数越多，与之相关的身份就越是得以强化。而身份的不断强化，也会帮助你建立牢不可破的习惯，你也会更相信自己就是这样的一个人，这是一个良性的互相激励的过程。

当然，这个过程不是一两天可以形成的，改变是每一个微小时刻的累积，是从量变到质变的过程，但你要相信，你采取的每一个微小行动，都是在帮助你成为你想成为的那个人，你的新身份也会不断强化。

所有习惯的形成都会构成一个反馈回路（我们将在下一章中深入探讨这

个概念），重要的是要让你的价值观、原则和身份驱动这个循环回路，而不是结果，也就是说，习惯养成的重点始终应该是成为哪种人，而不是获得某种特定的结果。

这不仅仅是一条戒赌之路，也是一条找寻自我之路。

思考与练习

我是谁？

让我们一起来找到自己的身份。请思考一下，我想成为一个什么样的人？

1.请在以下词汇中，找到自己希望拥有的品质，最多不超过3个，也可以自己补充新的词汇。

自信、勇敢、有担当、乐观、开朗、真诚、坚强、沉稳、坚韧、幽默、谦虚、优雅、温柔、斯文、正直、忠诚、善良、勤奋、勤劳、公正、豪爽、勤俭、健康、自律、宽容、大气、细致、友爱、负责任。

2.将选好的词汇填入以下空格：

我是 _____，我是一个 _____、_____、_____ 的人！

示例：我是佀国旗，我是一个自律、健康的人！

（1）填完以后，请大声朗读这句话3遍！

（2）请记住自己的身份，从今以后，只做与身份相符的事情，当遇到困难、感到纠结的时候，请大声念出这句话，永远牢记你是谁，你就知道你应该如何做了！

戒掉一个坏习惯／养成一个新习惯的四个步骤

你已经领悟了通过身份的确认来戒掉或养成一个习惯的方式，并且知道了所有习惯的形成都有一个反馈回路。在这里我还要告诉你，这个反馈回路其实是由四个步骤组成的，它们之间既有递进关系，亦在反复循环，只要了解了这个反馈回路的四个步骤的原理和规律，就能寻找到其中的奥秘与诀窍。在此之前，我想先邀请你做一个思考练习。

思考与练习

最近我最想戒掉的一个坏习惯是：_____
_____
_____。

最近我最想养成的一个好习惯是：_____
_____
_____。

注意，以上填空的内容必须有时间和数字。

举例：最近我最想养成的好习惯是：健身。错误！

最近我最想养成的好习惯是：每天运动 1 个小时，在 3 个月内减重 20 斤。正确！有时间、有数字、有成果，才是有效的目标。

好了，我们现在心里都有了期望戒掉或养成的习惯，那接下来我们就来看一看习惯养成的反馈回路：**触发提示—激起渴望—付诸行为—获得奖励**。

拿赌博来举例：

触发提示 提示能够触发你的大脑去启动某种行为。提示是诱发赌博行为的条件，比如引发赌博的坏情绪，或者类似的环境（家庭环境、工作环境、人际关系）。一旦提示明显，就会将我们带入同样的问题中，而你的大脑也会不断分析你的内外部环境，寻找奖励所在的线索，因为线索是接近奖励的第一个迹象，它自然会导致人们滋生渴望的情绪。

激起渴望 渴望就是每个行为背后的动力。如果没有渴望，也就失去了改变的动力，当提示被触发，与这种提示相关联的渴望就会被激起。比如你打开手机刷视频的原因就是打发时间，摆脱空虚；你打开赌博网站是为了寻求肾上腺素飙升的刺激。这些渴望都会在提示出现后被瞬间点燃，通俗地说就是：瘾头上来了。但是你渴望的或者说让你上瘾的并不是这件事情本身，而是他给你带来的感觉。理论上，任何提示都可能引发渴望，但实际上，驱使人们采取行动的提示多种多样。对于赌球者来说，进球时候平台发出的口哨提示音可能是引发赌博欲望的强力触发器，而对于很少赌博的人来说，那些只是背景噪声。你过往的经历或者说习惯才是将提示转化为渴望的原因。

付诸行为 不断重复的行为实际上就是你的习惯。我常常会说，有了赌博的念头（也就是产生了渴望）不可怕，但念头一旦转化为行为，就会逐渐上瘾，形成习惯。是否会付诸行为取决于两个方面：一是渴望有多大，二是实施行动的难易程度。戒掉赌瘾也可以从这两个方面入手，对于赌博者来说，如果提示激发了足够的渴望，而手上又正好有钱、有手机，那就会顺理成章地玩一把，再玩一把。

获得奖励 最后，我们来到了所有行为的终极目标：获得奖励。对赌博者来说，无论结果是输还是赢，所谓的奖励就是它一直都能够在短时间内让赌博者感到刺激和满足（科学家已经证明在下注的那一刻，身体中分泌的多巴胺会达到顶峰），暂时得到解脱。

而且，回报给你的奖励会在你的身体留下记忆，这种记忆几乎可以绵延你的一生，每当同样的提示出现，身体的记忆就会被唤醒，大脑会记住那些曾经让你快乐的刺激，因此会不断推动你去重复同样的事情，这就是上瘾的原因。

"触发提示—激起渴望—付诸行为—获得奖励"便是整个习惯形成的循环，这就是我们说的，赌博其实也是一种习惯。

在习惯的养成回路中，每一步都有着它独特的规律，而戒掉习惯与养成习惯的形成回路原理相同，只是做法完全相反，接下来就让我们一起逐一分析以掌握其中的规律并为己所用。表7-1就阐述了其中的核心。

表7-1 戒掉与养成习惯的形成回路原理

	戒掉一个坏习惯	养成一个好习惯
触发提示	远离提示	让提示变得明显
激起渴望	降低吸引力	让它具有吸引力
付诸行为	为执行设置障碍	让它简便易行
获得奖励	分辨是即时奖励还是长远伤害	即时奖励与延时奖励兼得

● **步骤一：远离充满提示的环境**

1. 为习惯评分

我们还是用戒掉赌博这个坏习惯举例，如果说之前的行为习惯，让我们陷入赌博泥潭走不出来，那里面一定有不好的提示在起作用，接下来，我们就要把这些不好的提示找出来（如表7-2所示）。

表 7-2　戒掉与养成习惯的形成回路原理（触发提示）

	戒掉一个坏习惯	养成一个好习惯
触发提示	远离提示	让提示变得明显
激起渴望	降低吸引力	让它具有吸引力
付诸行为	为执行设置障碍	让它简便易行
获得奖励	分辨是即时奖励还是长远伤害	即时奖励与延时奖励兼得

这里，我推荐一个方法叫作为习惯评分。改掉不良习惯的第一步是对它们有觉察，即触发提示。当你的很多行为已经从习惯变成自然的时候，就需要借助评分的帮助。我们来做一个案例演示，如下是一个赌龄长达 5 年的赌博者小张的习惯评分。

第一步：罗列出你一天或某个时间段的习惯行为，越具体越好。小张的罗列如下（如表 7-3 所示）：

表 7-3　小张一天或某个时间段的习惯行为

时间	内容	评分
8:00	醒来	
8:00–8:30	看手机，浏览足球网站	
8:30–8:40	上厕所	
8:40–8:50	洗漱	
8:50–9:10	吃早餐	
9:30	到达办公室	
9:30–10:30	和圈里（赌博圈）的朋友聊天	
10:30–12:00	工作	
12:30–13:00	午餐同时刷视频	
13:30–17:30	工作	
17:30	下班	
18:30–19:30	晚餐	

(续表)

时间	内容	评分
20:00–20:40	慢走5公里	
21:00–22:00	和圈里（赌博圈）的朋友聊天	
22:00–23:00	打游戏	
23:00–01:30	刷手机	

第二步：列完清单后，查对每个行为，问自己这是好习惯、坏习惯还是中性习惯。如果是好习惯，就在旁边标注"√"；如果是坏习惯，就标注"×"；如果是中性习惯，就标注"O"。

如何判断这个行为是好习惯还是坏习惯，就看这个行为与你当下需要达成的目标是否相符，比如同样是每天早上吃两块面包、喝一杯牛奶，对于一个正在减肥期的人可能有点超量，但对于一个处于青春期正在长身体的青少年来说则刚好。所以，习惯并无特定的好与坏，只在于对当下的你是否有效，如果你还在犹豫该怎样评价某个习惯，你可以问自己：这个习惯是在帮助我还是在拖累我？能够帮助你强化身份的习惯是可采用的，而违背你身份的习惯则不适合当下的你。

如果小张希望改掉赌博这个坏习惯，那他的习惯评分应当如下（如表7-4所示）：

表7-4 小张一天或某个时间段的习惯评分

时间	内容	评分
8:00	醒来	O
8:00–8:30	看手机，浏览足球网站	×
8:30–8:40	上厕所	O
8:40–8:50	洗漱	O
8:50–9:10	吃早餐	O

（续表）

时间	内容	评分
9:30	到达办公室	0
9:30–10:30	和圈里（赌博圈）的朋友聊天	×
10:30–12:00	工作	√
12:30–13:00	午餐同时刷视频	0
13:30–17:30	工作	√
17:30	下班	0
18:30–19:30	晚餐	0
20:00–20:40	慢走5公里	√
21:00–22:00	和圈里（赌博圈）的朋友聊天	×
22:00–23:00	打游戏	×
23:00–01:30	刷手机	×

一些不利于戒赌的习惯已经跃然纸上。当你为习惯评分时，一定要公正，不能隐瞒，也不需要去改变什么，为习惯评分的目的是为下面的工作做铺垫。

思考与练习

为你的习惯评分：

1.罗列出你一天或某个时间段的习惯行为，越具体越好。

2.列完清单后，查对每个行为，问自己这是好习惯、坏习惯还是中性习惯。如果是好习惯，就在旁边标注"√"；如果是坏习惯，就标注"×"；如果是中性习惯，就标注"0"。

时间	内容	评分

（续表）

时间	内容	评分

2. 用一个新习惯替换坏习惯

好了，现在你可能已经找到了会导致你赌博的坏习惯，那接下来应该怎么做呢？最直接的方法当然是立即戒掉那个坏习惯，比如不再和赌博圈的人聊天，不再浏览那些可能会引发你赌博冲动的网站。但事实是，立即戒断是很难的，所以我建议的方法是替换，用一个新的好习惯去替换原来的坏习惯，替换的过程中，我们可以采用"习惯加法"的方式。

习惯加法：确定你已有的习惯，然后把你的新行为加在上面。

习惯加法的句式是：在 _____（老习惯）之后，我将 _____（新习惯）。

例如：

· 我想增加冥想的新习惯。那我在<u>每天早上喝完咖啡</u>（老习惯）

后，我会沉思 5 分钟（新习惯）。

・我想建立健身的新习惯。那我在每次脱下上班穿的衣服（老习惯）后，我会立即换上我的运动装（新习惯）。

还是拿小张举例，他想戒掉吃完晚饭就和圈里朋友聊天的坏习惯，建立读书学习的新习惯，他可以这样做：

・每次吃完饭我下楼慢走（老习惯）的时候，我就打开听书软件，听书 30 分钟（新习惯）。

习惯加法是通过将新行为加在旧行为之上的方式，来增加养成习惯的可能性。你可以把很多习惯联系在一起，每一个习惯都是下一个习惯的提示。除了加法，你还可以用插入法，就是在已有的一些习惯中插入一个新习惯，比如你想养成写日记的习惯，你可以在你的早晨例行习惯"起床—整理床铺—洗漱"中间插入一个习惯，形成"起床—整理床铺—把日记本放在床头—洗漱"的新习惯，这样每天你回到卧室，就会看到明显的提示：日记本。你就会开始写日记了。

还有一种提示，是让老习惯成为新习惯的提示，比如：

・当我看到某个玩具时，我会给我的孩子打电话。

・当我想买超过 1000 元的东西时，我会等 24 小时后再买。

当 A 情况出现时，我将执行 B 反应。这样，老习惯便会成为新习惯的一种提示。

第七章 戒赌的三大核心

请记住一个原则，不管怎么加，选择的老习惯必须是正确的，不会影响你当下进行中的目标，坏习惯不能做任何加法的基础。

思考 & 练习

习惯加法：

还记得本章一开始让你列出的最近想养成的一个新习惯吗？现在请采用习惯加法的方式，把你实现新习惯的行为加入目前的老习惯中。

注意：要有具体的执行时间、地点和数字。

在 _____（老习惯）之后，
我将 _____（新习惯）。

在 _____（老习惯）之后，
我将 _____（新习惯）。

在 _____（老习惯）之后，
我将 _____（新习惯）。

3. 打造属于你的"心"环境

我将向你展现环境对人的影响。

你是不是也遇到过这样的场景：当你走进茶水间，看到桌上有一盘饼干，就会下意识地拿起来吃，即使你不一定饿；当你进入某个办公室与人攀谈时，如果他正在吃东西，你也会不由自主接受邀请，一起吃起来。这就是摆放在超市大门口的东西销量特别好的原因——环境的力量。

在特定环境下，人们会产生趋同性，个性不同程度上被压抑而服从环境。在高档的场合下，人们会低声说话；在黑暗的街道上，人们的警惕性会比较高。由此来看，每个习惯都以特定的环境为依托。

- 如果你想记得每天晚上吃药，就把药瓶放在床头柜显眼的位置。
- 如果你想多喝水，就买一个特别大的水壶，并将它放在你的手边。
- 如果你想养成阅读的习惯，可以在床边甚至卫生间台面上放上书。

如果你想戒掉赌博这个坏习惯，首先要让提示远离你，不去浏览刺激性的网站，不去下载赌博软件，远离赌博圈的朋友。

来到戒赌中心的学员，都会觉得心境平和、理智冷静，因为这里与他以往的环境截然不同。但是，当学员一旦回到家中，很多原来的情绪和复赌的冲动就会产生，这就是因为他回到了原来的环境、原来的生活作息、原来的社交圈子、原来和家人的相处模式，惯性很容易让他又回到原来的思维模式和习惯回路中，产生复赌的行为便毫不意外。

针对这种情况，我都会建议学习完戒赌课程的学员，去换一个全新的生活环境，建立新的生活作息和习惯，这样就不容易走老路。如果无法换一个全新的环境，我会建议他去打造一个属于他的"心"空间，重新布置或重新安排现有的空间。比如，可以在卧室的阳台上搭建一个小空间，放一些垫子及小桌子；或者可以放一个野营帐篷，然后给它起一个名字，比如"某某某的安全岛"。这样，每当你情绪不佳、和家人起冲突或者产生赌博冲动的时候，你都可以立刻去你自己的"心"空间，并且告诉自己，只要我进入这个空间，我将放下当下所有的情绪和不满，直到我恢复平静，我才会从里面走出来。你也可以和你的家人约定好，只要你进入这个空间，他们就不能来打扰你，直到你自己走出来为止。就是这样一个小小的环境改变，已经帮助很多人打破了固有思维，脱离了原来环境带来的影响。

其实去创造这样一个小环境也能产生非常好的心理暗示。与其与老环境死磕，不如去创造一个新的环境，在新的环境下去建立新的习惯会轻松很多。

如果要戒掉赌博，与其整天想着去锤炼自己的意志力，不如远离能给你赌博提示的环境，并且让好习惯的提示变得明显，放一些书籍、健身器材、孩子的玩具（能帮助你念起亲情）、家人的照片等在视力可见的范围，帮助自己轻松地养成一个新习惯。

思考与练习

列举改掉坏习惯、建立好习惯的环境改造计划或行为改造计划。

1._____

2._____

_____

_____

3._____

_____

_____

4. 规避赌博五大高危场景

我们已经充分阐述了环境对于养成或者戒掉一个习惯的重要影响，那对于赌博成瘾者来说，要特别警惕以下 5 个容易引发赌博行为的高危情境：

（1）置身赌博环境中

① 手机里依然有赌博平台和账号。

② 依然与"赌友"保持联系。

③ 留着"线索群"想继续了解赌博讯息。

④ 流连线下赌博场所。

应对方法：

卸载所有赌博平台，删除账号，其中更稳妥的方法是弃用原来的电话号码，用家人的身份证重新办理一张电话卡，注册一个新的微信账号，因为赌博平台会根据你的电话号码不停地联系你，以所谓的彩金诱惑你陷入复赌循环；

与原来的赌友圈彻底断交，更换手机号码和微信；

离开原来的生活环境，避免接触熟悉的赌博环境。

（2）债务步步紧逼时

今天要还 8000 元，这周要还 3 万元，面对频繁的催债电话怎么办？债主扬言要打爆手机通讯录怎么办？借不到钱、贷不了款，那顶"债"而上再赌一赌、搏一把吧，万一赢了呢？债务问题经常会成为复赌的"刺激源"，在赌博形成的"成瘾记忆"下，"遇债不决，先赌再说，戒赌靠后"就会成为赌博者的选择。

应对方法：

将所有的债务交与家人处理，赌博者本人尽量不接触此类催讨电话；

家人处理债务时不通过赌博者本人，避免引发赌博者本人的情绪问题。

注意：以上债务处理的方案必须在赌博者本人对戒赌有充分意愿的情况下采用，赌博者本人必须先有正确的戒赌认知，家人才能帮其处理债务。

（3）家庭关系恶劣时

在赌债超负荷、间歇性复赌、体面被摧毁的重压之下，家人会对赌博者本人采取抱怨、质疑、争吵、冷漠、放弃等态度，而赌博者本人在这样的情况下，会产生两种心理：一是强烈的愧疚感，急于去翻本减轻家人压力；二是破罐子破摔，"我就这样了谁管我！"这两种心理都会导致赌博者本人压力激增，从而进入更疯狂的复赌循环。

应对方法：

家庭成员尽量不要多提"赌博"事宜；

营造正常的家庭氛围，用理解、宽容来对待赌博者；

寻求专业心理咨询机构来解决家庭关系问题。

（4）手中尚有余钱时

对于那些对赌博还存有念想的赌博者，"放手经济权"等于"给予赌博权"。

钱对于赌博者来说就像"烫手山芋"，不及时抛出就"揣得难受"，"一有钱，就想赌"说的就是这个理。

应对方法：

把钱交与家人管理；

除了工资卡，将其他银行卡均注销；

将身份证交予家人保管，手机里不留身份证照片；

保持可动用现金（包括网络）200元～500元。

（5）闲暇时间较多时

不赌了，似乎变清闲了，也不知道该做什么，工作也觉得无趣，干点什么好呢，要不偷偷赌几场打发下时间？无所事事时，赌博者想赌的欲望会更加强烈，抓耳挠腮如同热锅上的蚂蚁，只有重新踏入赌池才能抑制这种"焦灼"，复赌随之而来。

应对方法：

培养积极的兴趣爱好；

制定健康的作息时间表；

阅读、健身、冥想都是很好的调节方式。

产生复赌想法时，别过度慌张，也别认为还想赌就是戒赌失败的表现。戒赌成功不是几天、几个月的事，它需要我们用一生去践行。敢于直面内心、积极寻找对策、对抗复赌欲望，已是在戒赌成功之路上走出了一大步！

- 步骤二：降低坏习惯对我们的吸引力

接下来让我们来看养成习惯的第二步：激起渴望（如表7-5所示）。

表7-5 戒掉与养成习惯的形成回路原理（激起渴望）

	戒掉一个坏习惯	养成一个好习惯
触发提示	远离提示	让提示变得明显
激起渴望	降低吸引力	让它具有吸引力
付诸行为	为执行设置障碍	让它简便易行
获得奖励	分辨是即时奖励还是长远伤害	即时奖励与延时奖励兼得

第七章 戒赌的三大核心

如果你想增加某种行为发生的概率，那么它必须对你具备吸引力；反之则需要降低它的吸引力，让我们不再产生对它渴望的情绪。在这里我们又要提到一个非常熟悉的词：多巴胺。

我们在前文说过：多巴胺不仅发生在你体验快乐的时候，在你期待快乐的时候，也会分泌多巴胺。赌博者在下注之前，体内多巴胺的浓度会激增到顶点，赢了之后反倒不会再上升。每当多巴胺浓度上升，你采取行动的渴望也会随之增强。激励我们采取行动的是我们对回报的期待时刻，而不是得到满足的时刻。

我相信你在日常生活中也会有这样的体验，拆礼物的时刻比真正看到礼物时要令人激动得多；憧憬即将到来的假期或许比度假本身更令人兴奋。其实这里面隐藏着一种关联，就是这种关联让这件事对你产生了吸引力，从而引发你的渴求。我们还是拿赌博来举例，每个行为都有表层的渴望和深层的动机，我们来看看赌博可能存在的潜在动机：

- 换取财富。
- 赢得他人的认可。
- 有面子。
- 获取社会地位和声望。

渴望只是潜在动机的外在表现。你的大脑渴望的一定不是赌博。也许你可能只是想赢得他人的认可，或者彰显一定的社会地位，也就是所谓的面子。你赌博的这一习惯是你以往用来满足这些动机的方法。可问题是，有许多不同的方法可以来满足相同的潜在需求，一些人可能选择通过大喊大叫缓解情绪，而另一些人则通过睡觉来减轻焦虑。

你目前的习惯不一定是解决问题的最佳方式，它们只是你惯用的方法。 一旦你把一个行为和你需要解决的问题关联起来，你就会不断地重复这种行为，所以，要戒掉赌博这个不良习惯，就要打破它与你的潜在动机之间的关联。

比如放松减压可以通过运动健身，证明自己可以通过学习获取新知识，等等。在这里，教大家一个比较轻松地建立新习惯的方法：**喜好捆绑**。

喜好捆绑的工作原理，就是把你要做的事与爱做的事关联起来。假如你在做一件事的同时可以做另一件你喜爱的事，那么前者很可能会对你产生一定的吸引力。

喜好捆绑可以和上一节讲的习惯加法策略结合起来。

习惯加法＋喜好捆绑的句式表述如下：

（1）在（以前我喜欢的老习惯）之后，我将做（我需要建立的新习惯）。

（2）在（我需要建立的新习惯）之后，我将可以做（我以前喜欢的老习惯）。

例如，你特别喜欢和狗狗出去玩，但是又要养成阅读的新习惯，你可以建立这样的喜好捆绑：

（1）在我遛完狗狗回来后，我要看书30分钟。

（2）在我看书30分钟后，我可以带我的狗狗出去玩。

喜好捆绑其实是养成任何习惯的有效方法之一，具体做法是将它与你本来喜欢的习惯联系起来。这个方法几乎可以让所有的新习惯变得具有更大的吸引力。

第七章 戒赌的三大核心

思考与练习

喜好捆绑：

将你想要养成的好习惯与你的喜好绑定。

在 _____（以前我喜欢的老习惯）之后，我将做 _____（我需要建立的新习惯）。

在 _____（我需要建立的新习惯）之后，我将可以做 _____（以前我喜欢的老习惯）。

其实我们还可以自己去创造一种关联，形成刻意的提示，例如，你可以对着镜子深呼吸三次，并展露一个大大的微笑，告诉自己：你很棒，你可以！然后你就会收获一个好心情。最终，你会把这种"深呼吸+微笑"的行为与心情愉快联系起来。这时，这种行为成了一个提示，提示你只要这样做了，心情就会好起来。一旦这种关联被强化，你就可以在任何需要改变情绪状态时使用它。工作压力太大？做三次深呼吸，然后微笑；生活不如意？做三次深呼吸，然后微笑。这就是我们主动去创造的一种有关联的正向提示。

当我们将习惯与积极愉悦的感受相关联时，习惯就有了吸引力。

关联提示仪式：

设定一个能够让你产生积极情绪的关联提示。

1._____
_____

2._____
_____

3._____
_____

● 步骤三：加大坏习惯的执行难度

本节将向大家揭示一个习惯真正养成的关键——加大坏习惯的执行难度（如表 7-6 所示）。

表 7-6　戒掉与养成习惯的形成回路原理（付诸行为）

	戒掉一个坏习惯	养成一个好习惯
触发提示	远离提示	让提示变得明显
激起渴望	降低吸引力	让它具有吸引力
付诸行为	为执行设置障碍	让它简便易行
获得奖励	分辨是即时奖励还是长远伤害	即时奖励与延时奖励兼得

第七章 戒赌的三大核心

我们在制定目标的时候，总会瞄向最终期望达成的结果，比如减重20斤，掌握一门外语，戒烟，戒赌，于是我们会不断地期待每一次改变都能立刻达到最终的效果。然而，当目标有点遥远的时候，每一次的开始就变得无比困难，比如当你把手伸向可乐汉堡的时候，你会告诉自己，少吃一顿也减不了20斤；哪怕今天背了20个单词，明天我也成不了翻译家；再抽一支吧，明天就开始戒烟；今晚就再玩一次吧，赢了1万元我就不玩了。于是，任何有利于好习惯养成的行为一次都没有开始，你依然在坏习惯的诱惑中循环。

你总以为习惯的改变需要有巨大的决心和勇气，其实真相是：重复的次数比强度更重要。重复做得越多，大脑这方面的神经元树突生长得就越多，你得到的正向激励就会越多，所以你要做的不是有多好，而是持续练习。

你不需要关注程度，而是需要关注次数。

习惯的养成基于频次而不是时长。

能够持续练习的最有效方法，就是让它的开始变得简便易行，反之，戒掉一个坏习惯的最好方法，就是为它的开始制造重重障碍。在戒赌治疗中的物理管控措施就非常重要。

其实，现在消磨你生活中大部分时间的行为，都特别容易操作，像玩手机、看电视、打游戏、点外卖，这类占用了我们很多时间的习惯，几乎都不用费力就能完成。

同样地，回想一下，赌博这个坏习惯，执行起来是不是非常简单？只要有一部智能手机，无论是下注，还是借钱、贷款都非常容易。戒赌中心有个学员，曾经在一次开车外出的路上，仅仅停在高速休息站等他老婆上厕所的工夫，就下注输掉了十几万元。就因为执行赌博这个行为太容易，所以这个坏习惯很难戒掉。

如果你想开始健身，要么把健身房选在工作地点楼下，要么就选在家的

楼下，这样走进健身房的概率就会增加；如果你想要早上起来跑步，就把运动服运动鞋放在床边，只要睁眼就能看见。你知道吗，早起跑步的难点不在于跑多远，而在于起床、穿上运动服的行为，一旦你成功起身穿上运动服之后，出门跑步就变得非常简单了。

反之亦然，比如你总是忍不住晚上看手机到很晚，那就把手机留在客厅充电，而不是带进卧室，这样你想看手机时，还要从温暖的被窝里走出来，这样就可以抑制想看手机的冲动。

对于正在戒赌的人来说，为自己的赌博行为制造种种障碍是最好的方法，比如：

- 用"老年"手机。
- 删除所有赌博软件或游戏软件。
- 每天限制自己使用手机的时间不超过2个小时。
- 用家人身份证注册手机号，这样如果借网贷还需要通过家人。
- 注销银行卡，让手机里没有钱。

这样，人们在操作赌博行为的时候就变得困难，需要折腾半天的时间，内心的欲望也会慢慢减弱，理智回来后，也就不想赌了。

事实证明，人是懒惰的，只需稍微增加一些难度，人们就会停止不必要的行为，因为在潜意识里，人们也知道这样的行为是错误的，一旦冲动过去、理智回来，你就会庆幸刚才没有执行那个行为。

我们再说说1分钟规则，来帮助我们开始行动！

1分钟规则，指的是：当你开始培养一种新习惯时，它所用时间不应超过1分钟。

第七章 戒赌的三大核心

- 将"每天读书"变成"读一页"。
- 将"跑3公里"变成"穿好我的运动服"。

这是为了让你的新习惯尽可能容易开始,因为只要开始,再继续下去就会变得相对容易。一个新习惯不能是一个遥不可及的挑战,甚至让人想逃避。

这样做的第二个好处是<u>重复的行为在强化你的身份,</u>并且会暗示你正在朝着自己希望的方向前进。

如果你曾经扛过了一次或者几次赌博冲动,也就意味着你在往一个成功戒赌者的身份靠近,所带给你的戒赌信心也是无比巨大的。

思考与练习

1. 设定让你的赌博行为(也可以是其他坏习惯)难以执行的措施:

_____

_____

_____

2. 设定让你的新习惯容易执行的措施:

_____

_____

_____

_____

●步骤四：即时奖励 VS 延时奖励

奖励是让行为成为习惯的重要因素，但是奖励分为即时奖励和延时奖励，而在人的天性中，更喜欢的是即时奖励（如表7-7所示）。

表7-7　戒掉与养成习惯的形成回路原理（获得奖励）

	戒掉一个坏习惯	养成一个好习惯
触发提示	远离提示	让提示变得明显
激起渴望	降低吸引力	让它具有吸引力
付诸行为	为执行设置障碍	让它简便易行
获得奖励	分辨是即时奖励还是长远伤害	即时奖励与延时奖励兼得

为什么有人明知道喝酒会增加患肝癌的风险，还会这么做？为什么有人明知道暴饮暴食会增加肥胖的风险，还会这么做？为什么明知道赌博最终只会输得倾家荡产，还会忍不住？答案很简单：坏习惯的奖励是即时的，好习惯的奖励是延迟的。喝酒的风险可能会在10年后才爆发，但它可以让你此时此刻飘飘欲仙；从长期看，暴饮暴食会导致肥胖，肥胖是健康的最大杀手，但是美食当前，实在忍不住啊！赌博产生的恶果或许要几个月甚至几年后才会显现，但此时此刻带来的刺激却让人兴奋不已。每个习惯都跟时间密切相关。就不良习惯而言，奖励常常来得很及时，但长期来看却不好。就好习惯而言，情况正好相反：即时反馈可能有些痛苦，但是长期来看却是有益的。

问题是：大多数人都知道延迟满足是智慧的选择，但是又很难抵抗即时满足的诱惑。我建议，不要与人的天性对抗，我们可以在建立新习惯的过程中，添加一些即时快乐，因为即使快乐也会给你带来成就感和满足感，有利于你坚持下去。

但特别要注意的是，你选择的即时奖励要符合你的身份。如果你想减肥或者读更多书，在这个过程中买一件新衣服奖励自己是可以的，但是如果你对于自己刚刚养成的健身习惯的即时奖励是暴食一顿垃圾食品，显然是违背你身份的奖励，是不可以采纳的。

如果我们现在的目标是戒赌，当我们 1 个月没有赌博行为的时候，我们可以奖励自己享受一次 SPA 放松身心，但是不建议用物质奖励，因为戒赌本身就是要去纠正自己错误的金钱观、消费观，所以物质奖励并不是特别好的奖励选项。总之，要让现在的短期奖励与你的长期目标相吻合。

这个方式可以用在习惯建立的初期阶段，随着后期好习惯的形成，好习惯带来的身心改变，本身就会产生激励的作用，而成为你继续下去的动力，比如健身习惯带来的好身材，阅读书籍带来的知识增长，戒赌几个月收获的家人信任，等等，这些本身就是最好的奖励了。

思考与练习

设定你戒掉坏习惯或养成好习惯时的即时奖励：

在我 _____ 的时候，我奖励自己：
_____ ；

在我 _____ 的时候，我奖励自己：
_____ ；

在我 _____ 的时候，我奖励自己：

_____。

　　赌博是个坏习惯，希望本章的内容能够帮助你戒掉这个坏习惯。还记得你为自己定下的身份吗？当你面对坏习惯的诱惑时，当你面对建立新习惯的艰难时，请问问自己：我是谁？我今天的所作所为符合我的身份吗？

　　好习惯的养成需要坚持并不断改变，但你一定要坚信，我们可以戒掉坏习惯，养成好习惯，并享受好习惯带给我们的持续的美好！

　　看到这里，我想邀请你大声说3遍：我是谁！

　　我是_____，我是一个_____、_____、_____的人！

第七章 戒赌的三大核心

支持——建立和谐的家庭支持系统

在戒赌的整个过程中，当赌博者本人已经从认知和行为上做出了正确的改变，那就只剩下最后一个重要因素：戒赌路上的支持系统。这个支持系统其实是由三个部分组成的，第一个是赌博者本人的内心，第二个是家庭的支持，第三个是社会的支持。社会层面的支持包括第三方专业戒赌机构的引导，也包括未来赌博者回归社会后社会对他的接受度。本节将着重探讨家庭支持系统，因为只有赌博者拥有足够强大的家庭支持，才能重建自己的自尊体系，从而顺利回归社会，健全自己的社会功能。

赌博者和家人在阅读本节的时候，请先记住一句话：

- 你不能改变别人，你能改变的只有自己。
- 从改变自己开始，才能影响身边的人。

我接触过的那么多赌博者及其家人，在戒赌的最初阶段，多有互相埋怨，潜台词为如果他变成怎么样，我就可以怎么样。大家都将责任归结于对方，寄希望通过对方的改变来改变自己，这些其实都是推卸责任的行为。我们唯一能改变的只有自己，对自己的行为负起责任来，并学会站在对方的角度看待问题，你要相信，你改变了，你身边的人和事都会发生改变。接下来，我将分别从赌博者本人及其家人两个角度来阐述如何建立和谐的家庭关系。

赌博者本人

1. 关闭耳

无论家庭以往的沟通模式如何,在你多年的赌博历程中,家人已经经受了一次又一次的伤害与打击,不免会对你过往的赌博经历有抱怨,对你的现状有焦虑,对你的未来有担忧,所以可能会在你的耳边不停地念叨,这个时候,你需要理解他们的心情,包容他们的某些语言,可以学着自动关闭耳朵,屏蔽这些负面语言,用稳定的情绪来面对。

2. 打开嘴

学会和家人沟通,不要动不动就关起门或离开家。可以把你内心的烦闷与家人说一说,尤其是当内心产生复赌冲动的时候,及时地与家人沟通你的想法,说出来也许就不会去做了,说出来也是情绪的一种宣泄方式,你不说,怎么知道家人不会理解、不会懂呢?我们听到家人最多的反馈是:不知道孩子在想什么。因为你不表达,所以家人不知道,不知道反而会产生更大的误解,你要相信,真诚的语言不会收获谩骂与指责。

3. 敞开心

主动一点,让自己变得透明一点。你可以把金钱交给家人,及时汇报自己的行踪,让家人随时可看自己的手机。当你敞开了心扉,就会收获信任,这样也是对自己的一种监督。

4. 动动手

多做一些力所能及的、家人能看到的行为,哪怕只是做做家务、接送孩子、早睡早起,让自己的行为变得有规律且平常,也许你的平常行为在家人看来就是最好的改变，"动起来"也是对过去生活的一次告别。

家人

1. 打开耳

在和戒赌者的日常相处中，少说关于赌博的事情，哪怕是"别去赌"之类的话语，其实都是负面的强化；在语言中少一些对戒赌者的抱怨和对当下生活现状的不甘心，这些都极容易引发其复赌行为，可以把耳朵打开，多听戒赌者的心声与语言，多给予理解、包容和耐心。

2. 打开眼

很多戒赌者的家人在戒赌中心上完戒赌课程，回家之后会跟我说：侣老师，他现在赌博是不赌了，但是烟没有戒掉，不上班的时候还要睡懒觉，有时候手机也玩得很晚，这怎么办？很多家人期待孩子戒赌之后能够同时戒掉所有的坏毛病，一下子成为一个完美的人，就像父母最初对孩子的期待一样，但我们不能这样急于求成、试图一步登天。在戒赌的过程中，家人一定要把眼睛打开，看到戒赌者每一次的点滴改变，去发现他的优点，而不是把焦点放在他的缺点上，切记，当下阶段应抓大放小，循序渐进。

3. 放下心

戒赌是一个过程，是一个需要家人和戒赌者本人共同坚持的过程，而这个过程需要多长时间，则取决于心态。过好自己的生活，不把焦点放在戒赌者的身上，学会用积极的眼光去看待戒赌者的改变，这样做对戒赌者何尝不是一种信任与支持。与其担忧，不如祝福，毕竟，所有的成长都必须自己经历，你再爱他，也无法替他成长，把心放下，对他对你都好。

写下你自己建立和谐家庭关系的方法：

本人填写：_____
_____
_____
_____

家人填写：_____
_____
_____
_____

第八章 债务处理

债务始终是悬在赌博者本人和家庭头上的一把刀，很多人复赌或者迟迟走不出赌博，都是因为债务问题让人喘不上气来。债务处理的确是戒赌的关键，但为什么到了本书的尾声部分，我才来谈债务这个问题呢？因为戒赌和还债是有时间先后的，一定要先戒赌后还债，唯有在认知上有了正确的戒赌方案，在行为上落实执行，才能来谈债务的处理方案。如果不戒赌就先还债，债务只会越来越多，唯有停止赌博，债务才会停止，债务金额才会开始减少。让我们静下心来学习一下关于债务处理的内容。

债务不仅仅是金钱债

一般的人谈到债务会把焦点全都放在金钱债上，认为只要我把债都还完了，我肯定就不去赌博了。可真相往往是：下一次会有比上一次更大的账单。因为在金钱债之上，还有心理债和亲情债，这两个被忽略的债务，才是令赌博者不断复赌的原因。

心理债

我们先来说说心理债，有些人问什么是心理债，其实就是"我觉得我亏欠自己"。有些人说，我觉得没有亏欠我自己，我没有心理债。但大家可以想一想，一旦沾上了赌博，不管经历多少年，你能接受自己现在的状态吗？不管是精神面貌、人际交往，还是生活和经济现状，我想绝大部分人是无法接受的，哪怕你不和别人比，就是和赌博之前的自己相比，你都很难接受现在的自己。有个学员曾经给我分享他的经历，说他在过年的时候给以前的好朋友发祝福微信，就发了4个字"新年快乐"，却发现收到了一个大大的红色感叹号（已被对方拉黑）。对方是他特别好的、为数不多的、还留在微信里的朋友！他说："侣老师，我当时真的很难过，因为赌博的时候我向很多人借过钱，包括这个朋友，我想无论我以后能不能站起来、混得好不好，在他的心里，我就是一个赌博的人了，所以就给我拉黑了。"

这种感受我可以理解和体会，所以像类似这样的心理落差，你觉得自己能够接受吗？

可能还会有这样一些情况，比如以前在学校里那些还不如你的同学，现在都比你混得好；比如你的朋友买了新房、买了新车、考上了公务员，你发现别人都是在往上发展，而你，这几年折腾下来，除了赌博这件事情，别的事情、别的行业，什么都没干，或者说什么也没干好，不仅没有发展，还落后了那么多，就是在这样的时候，当你无法接受现状时，你就会在赌博这件事情里，一而再再而三地不断去重复，因为你在现实生活里已经找不到安全感了，这个就是"心理债"。

这种心理债如果你承认自己有的话，想想它是还钱就能解决的吗？可以假设一下，现在你所有的金钱债务都还清了，已经无债一身轻了，但是那些把你拉黑的朋友，你还能找得回来吗？那些把你当作赌徒看待的眼神，你还能让他们收回去吗？正是因为本人接受不了赌博带来的后续影响，所以心理负担会不断扩大，而在现实生活当中，又不知道怎样去处理，也不知道怎样才能把赌博放下，所以只能干一件事情，就是不断地去复赌。因为只有在下注的时候，在等待的过程中，才能找到一种麻醉自己的感觉，能找到一些所谓的快感、安全感。

如何消除在赌博过程中产生的心理债，那就需要去找到一个平衡点。什么是平衡点，我举个例子大家就明白了。比如你今天花了30元吃了一顿饭，30元花出去了，饭吃到了，肚子不饿了，这个平衡就达成了。而如果你今天出去遛弯，丢了30元，你心里肯定要不舒服一段时间，为什么？因为钱出去了，啥也没有得到，这个平衡没有达成，肯定就会不开心。赌博也是一样的道理，这件事之所以会让人产生心理债，就是因为没有平衡点，还是30元，你拿去赌博了，输了，没有收获任何东西，也就是没有达成平衡，心理失衡就出现了。

如果要打破这种失衡的心理，我们就要换一种思维，现在，请大家思考一下：

我在戒赌这件事里面，收获了什么？

我曾经的一个学员在学习完戒赌课程后对我说："侣老师，我之前是一个只注重结果忽略过程的人，是为达成目的不择手段的人，不管是对待工作，还是和妻子家人相处，都是这样。而这么多年的赌博过程将我的这个缺点暴露无遗，今天我反思自己的心理债，我在赌博中看清了自己的这个问题，以后我不会再这样了，戒赌让我看到了自己需要调整的方向，我终于从这个学校毕业了。"

所以，如果把戒赌看成人生中的一次学习，你从中学到了什么呢？从某些角度来看，你还要感谢在年轻的时候遇到了它，因为它教会了你太多太多，这样想，你的平衡点找到了吗？你的心理债放下了吗？

亲情债

我们再来说说亲情债，赌博了那么长时间，你觉得心里最亏欠的人是谁？95%以上的回答是父母。

每当想到本该安享晚年的父母，因为你变卖辛苦打拼一生积累的财富，吃不下、睡不着，新增多少皱纹和白发，母亲整天哭泣甚至产生轻生的念头，大过年的时候四处躲债，父亲为了你拉下老脸去借钱，在亲戚朋友面前抬不起头来，你的心里能不对自己的家人感到愧疚吗？你也曾经是他们的骄傲和希望啊。正因为这样的愧疚，很多赌博者觉得只要能把钱赢回来，不管多少，拿回来补贴家用，减轻父母的负担，就能偿还心里的亲情债。可惜，愧疚是

真的，要补救的心也是真的，但是用错了方法，导致债务越积越多，让父母遭受更大的打击。其实，基本上所有赌博者的家人对孩子的期望都只有一条：希望他能做一个不赌博的正常人。对家人来说，只要你能放下赌博，比你在赌博中赢回来钱更有价值，父母想看到的，是你改变的行动而不是空洞的保证。

给大家分享一下我们的一个学员是怎么做的。"回家以后，我就拿出一张纸，列出一个非常清晰的行动目标：第一，从作息时间入手，每天不晚于几点钟起床，不晚于几点钟睡觉；第二，回到家以后，手机使用时间不超过2个小时，也只能在客厅使用，密码全透明，微信记录全公开，没有任何隐私；第三，和家人多沟通。以前赌博的时候除了还债跟家人几乎是零沟通，现在给自己列了几个需要主动跟家人沟通的场景。比如早上洗漱完毕以后，衣服都穿好了，整个人比较精神的时候，我就会在窗前来一张自拍，然后发到自己的家庭微信群，父母一看我起床了，精神面貌都跟以前不一样了，就会很开心，因为赌博的时候我是做不到早起的；中午吃饭的时候，我也会拍一张照片发群里，哪怕一句话不说，家人看到这些照片心里就会很踏实；晚上如果要加班或是应酬，我同样会把聚餐的场景拍给家人看，周末则跟爱人一起去父母家，聊聊一周的工作、琐碎的日常，他们也会非常开心。而此时，对于债务这些以往肯定会引发争吵的话题，我们彼此间也能够心平气和地沟通了，我也没有以前那么焦急了。"

所以，如果你还无法面对父母焦急的面容和自己心里的亲情债，那么与其拍着胸脯说我不去赌博了，还不如做些小小的改变，用一些看得到的行动去打消父母的担忧。

金钱债

在正确认识了心理债和亲情债后，不可避免的，还是要处理金钱债，这里给大家 3 个核心原则。

1. 列出债务清单，不能有一分钱的隐瞒

隐瞒部分债务，留着"小尾巴"，最容易导致复赌行为的发生。

2. 处理一笔，结束一笔

还清一笔，就画上句号，不能像以前一样，父母刚把这期信用卡还上，没两天又偷偷刷，如果信用卡还清了，可以直接注销，不要再留下潜在的风险。

3. 本着利于本人戒赌的原则，设定还债的优先级别

债务账单列出来以后，戒赌者本人一定要有一个轻重缓急的排序，家人在处理的时候，要尽可能结合自己家的实际情况、经济情况与戒赌者的意愿去偿还。债务偿还顺序处理不好，也有可能会导致复赌。金钱债会涉及一些法律法规，我们也会根据学员具体情况给出具体的债务处理方案。

思考与练习

结合文中学员案例，思考一下赌博给你或者你的家庭带来了什么"好处"？

_____

_____

_____

如何不通过赌博的方式，而用其他健康的方式，把这些好处保留下来？

脱瘾而出

赌博成瘾者
家庭自救指南

第八章 债务处理

关于债务的其他问题

赌债巨大，没有生活的动力，戒赌还有必要吗

回答这个问题需要先弄清因果关系，生活没有动力是因为债务巨大，还是因为在长期赌博过程中养成的不良习惯和错误三观。

就我在多年戒赌工作中接触的学员来说，债务问题都不是他们没有生活动力的原因，反而是在赌博过程中形成的一夜暴富、不劳而获的想法让他们失去了生活的动力，所以很多时候负债累累仅仅是借口。你要知道，不管多少债务，都是因为过去痴迷赌博造成的，如果不戒掉赌博，这个债务只会越积越多，你的处境会变得更加恶劣。

戒赌，不只是戒掉赌博这个行为，还要把不劳而获的想法从大脑中戒除。所以，戒赌的决心和行动本身就能给到戒赌者一种全新开始的动力，开始戒赌了，你就会找回生命真正的意义。

孩子现在还年轻，不给他还债，征信受影响怎么办

这个问题常常是家人纠结的。其实家人可以宏观地看待这个问题——征信和戒赌相比，哪个更重要？只要戒了赌，征信几年后便可恢复。但现在如

果不戒赌，只是一味地还债，家人还能帮孩子还几次？当家人也无能为力之后，赌博者本人还能在这个社会上生存吗？孰轻孰重，相信家人一定有了判断。

第九章
关于戒赌疑问的解答

人类在赌博面前，完全不可能做到足够理性，所以，对于那些试图让自己变得理性，并在赌博中赢钱的朋友们，我在此奉劝各位，千万不要再越陷越深了，及早悬崖勒马吧！

本章总结了染赌者常见的几个疑问，并一一解答。

第九章 关于戒赌疑问的解答

关于戒赌的疑问——本人篇

赌博最终只有输吗？我也曾经赢过很多

没错，赌博最终只有输！每一个深陷赌博泥潭的人，曾经都赢过，可赢钱却是庄家诱你入局的套路。回想一下你的赌博经历，赢钱的时候是不是胆子越来越小、不敢下注，输钱的时候反而不甘心地将赌注越下越大？有人说，那我反其道行之，我赢的时候赌注越下越大，输的时候及时止损是不是就可以做到长久盈利了？

答案是否定的。任何一件事想要做到长久盈利需要满足两个条件：正期望和风险控制。正期望是指你长久做一件事，比如下注，你能保证它在数学期望上是正的，也就是盈利大于亏损，这一点就已经是绝大多数赌博的人做不到的。简单举个例子，就拿赌博中猜正反的形式来说，看上去赢的概率是50%，但长久下去还是一件负期望的事，因为任何平台都有抽水，所以胜率是达不到50%的，赌的时间越长亏损越多。这还只是看似公平的一个游戏，而据我所知，就目前市面上所有的赌博项目而言，胜率都达不到50%，大部分项目甚至不到30%。第二个是风险控制，简单来说，个人的资产完全无法去和平台抗衡，也就是说平台有着无限大的容错率，而你作为一个个人玩家基本没有容错率，你不能做到次次都对，只要错一次，你就没有机会了。

总结下来，绝大多数人都战胜不了自己的内心，也不清楚自己玩的数学期望在多少，更不清楚风险控制，这些都是赌博最终只有输的原因。

再来说说你也曾经赢过这个话题，曾经赢过恰好是令你深陷赌博的原因。只要你想追求曾经赢过的快感，或心怀输钱的不甘心，赌博平台就已经得逞了，你也已经是待在他们池子里的鱼，他想让你笑你就会笑，想让你哭你就会哭，所以请记住，不赌为赢！

如果我足够理智，就能够赢钱吧？

有人认为，输钱大多是因为自己不够理智，如果自己足够理智，是有可能赢钱的，那么事实真的是这样吗？今天我们就来一起探讨一下这个话题。

首先我们来看看人类在赌博面前是否可以做到足够理智。请大家思考一下以下5个问题：

问题1：你是否在赢钱的时候押注越来越小，在输钱的时候押注越来越大？

问题2：每次输光手中的钱之后，你是否会急于借钱充值以求翻本？

问题3：当你的本金从1万元赢至10万元，又输到2万元的时候，你是否会觉得沮丧，甚至丧失理智，直接将余额输完？

问题4：每一个赌博阶段你是以赢钱结束还是以输光结束？

问题5：当你差点就赢了的时候，是否会丧失理智？

看完这五个问题，大家可能心里已经有了答案，在赌博中要做到理智真的很难，连做到一次都很难。为什么在赌博中做到理智这么难呢？这其实是有科学依据的，我们就来依次分析一下这五个问题。

前两个问题可以用经济学中的前景理论来解答，前景理论也叫作展望理

第九章 关于戒赌疑问的解答

论，由丹尼尔·卡内曼和阿莫斯·特沃斯基教授提出，前景理论提出两个观点：

首先，大多数人在面临获利的时候会选择规避风险。

大家思考一下这个问题，确定能得到800元和有90%的机会得到1000元，你会选哪个？调查发现，80%左右的人都会选择前者，这其实和我们的数学理论是相矛盾的，因为前者得到钱的数学期望是800元，而后者是900元，然而人们多数会选择前者，就是因为人在获利的时候会选择规避风险，这也叫作确定效应。这就解释了为什么我们在赢钱的时候押注会越来越小，因为在赢钱后我们想要的是确定的收益，不愿意再去冒险，所以投注会越来越小。

其次，大多数人在面临损失的时候是喜好风险的。

大家再思考一个问题，与刚才的例子正好对应，在确定会失去800元和有90%的机会失去1000元之间，你会选哪个？调查发现，超过70%的人会选择后者，这个现象很有趣，因为通过数学计算，更加理性的选择是前者，而大多数人会选择后者，这是因为在面对风险的时候，大多数人是喜好风险的，所以在输钱的时候大家的投注额会越来越大，甚至丧失理智。

这个例子也解释了为什么我们输钱之后一定要去借钱回本，因为如果不去借钱，停止赌博了，也就意味着输掉的钱确实输掉了。人是不愿意接受确定的损失的，在这个时候大多数人都是有风险喜好的，所以这个时候一定会失去理智地借钱继续赌。

第三个问题就很有趣了，这是一个很奇怪的现象。用1万元，赢到了10万元，又输到只剩2万元，总的算起来明明是赢了1万元，为什么依然会失去理智，冲动投注呢？在解释这个问题之前，我先给大家举一个例子：今天你捡了100元，明天又丢了100元，你获得100元的喜悦程度要低于你失去100元的沮丧程度，这叫作禀赋效应。所以，当你赢到10万元的时候，你会认为这些钱已经是你的了，而当这些钱只剩2万元的时候，你会认为你输掉

了8万元,而不是赢了1万元。由此看来,即使是赢了钱都会丧失理智,你还会天真地认为人在赌博中可以持续保持理智吗?

第四个问题,当赢钱的时候,你有什么理由停止赌博呢?当你感受到了刺激的快感、赢钱的喜悦,甚至错误地认为已经掌握了赌博的规律和技巧,你给我一个停止赌博的理由。赢1万元不会停,赢10万元依然不会停,什么时候才会停呢,那就是输光的时候,所以人的贪欲注定你每一次必然会输光手中的钱。

第五个问题,什么叫作"差点赢了"。我举一个例子,当你玩百家乐,先开出了闲8点却被庄9点所秒杀,这种情况就叫作差点赢了。大家已经知道在赌博赢的时候大脑会分泌一种叫作多巴胺的物质,会令人愉悦;而输的时候会分泌褪黑素,使人沮丧,赌博者追求的就是在喜悦与沮丧之间急速转换的快感。然而,并不是只有赢了的时候人才会分泌多巴胺,在预期要赢的时候同样会分泌大量的多巴胺。比如你买了闲家,开出了8点,这个时候你已经预期自己会赢了,你的大脑因此分泌出大量的多巴胺使你感觉愉悦,但结果呢,一秒钟之内,你就发现自己输了,而这个时候的喜悦与沮丧的变化是急速的,导致你大脑中所分泌的褪黑素比平时赌输时还要多出很多倍来,此时,人类依靠理智是很难抵御这种变化的。

通过以上几个问题,我们可以看出,人类在赌博面前,完全没有可能做到足够理智,所以,对于那些试图让自己变得理智并在赌博中赢钱的朋友们,我在此奉劝各位千万不要再越陷越深了,及早悬崖勒马吧!

凭借自己的意志力可以戒掉赌瘾吗?

凭自己的意志力戒掉赌瘾在理论上是可以的,但需要注意的是不要高估

第九章 关于戒赌疑问的解答

自己的意志力。尤其对于已经染上赌瘾的人来说，你本身自制力可能就比较薄弱，如果你拥有强大的意志力，当初就不会被赌博所吸引染上赌瘾了。此外，你要分清楚，你是因为输了钱后悔或家人给的压力临时产生了意志力，还是真的从内心坚决地想戒赌。说实话，大多数赌博者都会高估自己的意志力，或者把一时的兴起当作是意志力，却在实际操作中轻易就被人的天性打败，比如天性中的懒惰和贪婪。因此，绝大部分有赌瘾的人，仅凭自己的意志力是不足以戒掉赌瘾的，需要寻求专业的第三方机构的帮助，去建立本人、家人、机构三方的联动支持系统，从而在戒赌路上事半功倍。

我的赌龄很长，赌博已形成习惯，还能戒掉吗？

判断戒赌的难易程度，赌龄只是要考虑的一部分因素，专业的判断依据叫作赌博依赖程度。在本书的上篇第二章中有对应的测试。这个依赖程度的测试是可以量化的，可以很明确地判断出你是否已经到了病理性赌博的程度，一旦达到中度或重度上瘾，在国际上就可以被判断为成瘾性疾病，属于心理疾病的范畴，需要到专业机构解决这个问题。

当然，赌龄很长，赌博习惯一定会很顽固，要戒掉顽固的赌博习惯相对会更困难一些。但难度大并不意味着戒不掉，只要真正认识到赌博的危害，找到想要摆脱赌博的理由和动机，树立起戒赌的决心和信心，并通过专业有效的帮助，就肯定能够戒掉。

我曾经也尝试过很多戒赌方法，为什么都失败了？

很多人都会这样说：戒赌太难了！其实，戒赌难的本质不在于赌博这个

行为，而是在于认知。认知是一个人在后天，经过所有遇到的人、遇到的事、听过的观点后潜移默化形成的，想要改变一个人的认知确实很难，所谓江山易改本性难移，就是这个意思。戒赌难的另一个原因是大多数赌博成瘾的人或多或少会有心理层面的问题，这就需要专业的心理治疗来解决了。

每个赌博者的情况都有不同，包括个人的特质、家庭生活和工作的环境、社会关系及过往的经历、赌博的类型等，而大多数人通常都采用自己在家中进行戒赌的方式，或者用各种网上拼凑的方法，比较偏重行为戒断，效果大多不好，这就好比人生病时的用药，用量和用法都因人而异，存在很大的个体差异，所以如果没有经过专业分析并找到与之匹配的方法，不但会延误救治时间，还有可能造成不好的后果。因此，当你一旦形成了病理性赌博，仅凭自己拼凑出来的一些戒赌方法，是很难成功的，特别是当你再次遇到赌博的高危情景又具备赌博的条件时，你往往会赌得比以往更加疯狂。这个时候，你就需要寻求社会的帮助，通过专业的学习治疗来帮助自己戒赌。记住，只要赌博者本人戒赌的意愿强烈，并获得家人支持，戒赌还是很容易成功的。

反复赌博的原因是什么？

首先，从生理上说，反复赌博是因为赌博者神经系统中奖励系统的阈限被抬高了，需要不断地去提高刺激的强度，也就是你必须加大赌注才能达到和以前一样的刺激感。赌博者在赌博过程中虽有经济上的损失，但在心理上是获益的，为了获取更多心理满足，他们会花更多的时间投入到赌博中去，会用更大的赌注去获取更强的刺激。

从心理层面上来说，因为赌博产生的认知偏差会让赌博者本人存在着侥幸心理和会赢的错觉，强化他们去赌博的想法，最终使他们反反复复无法走出。

第九章 关于戒赌疑问的解答

还有一个重要的原因，就是赌博者往往放不下因为赌博所失去的一切，无法接受现在的自己。不管和朋友比，还是和自己的过去比，都会感受到巨大的落差，这种落差会让本人很难去面对现实，从而不想去解决问题，只想靠赌博去逃避。总之，生理上的反复可以通过行为来戒断，心理上的问题就需要通过专业的心理疏导来逐步解决。

关于戒赌的疑问——家人篇

我的孩子曾经那么善良、孝顺，为什么现在会变得这样冷漠和无情？他还有救吗？

你的孩子当然有救，但必须通过正确的方法！很多赌博者为了筹集赌资，没有诚信、没有底线地去欺骗家人和朋友，让家人觉得已经不认识他们了。这是因为染上赌博习惯后，会让人的三观扭曲，并且在赌博成瘾后，心理的压力和家庭的冲突，再加上经历多次的复赌，都会使赌博者感到压抑并破坏他们各种正向积极的情感，逐渐使他们变得冷漠和无情。但我们可以回忆一下，这个孩子在赌博之前，会经常欺骗我们吗？如果不是，那就说明，欺骗并不是他的本意，冷漠和无情也不是他的本意，他并不是丧心病狂，也不是道德败坏，只是因为陷入了赌博的泥潭无法自拔。当孩子陷入赌博的泥潭中时，撒谎是非常普遍的一种行为，有些是为了逃避家人的责备，有些是为了能够骗取赌资或让家人帮其还债，他们的很多行为和思想是无法自控的，欺骗也许并不是他的本意，只是因为他生病了。

我们要知道，大多数受赌博危害的家庭，都是第一次经历赌博的摧残，赌博者本人和家人不但非常痛苦，还缺乏对正确的戒赌方法和心理辅助的认知，只有通过专业的心理辅导，帮助赌博者调整三观，让他们认识到赌博的

第九章 关于戒赌疑问的解答

危险，树立起戒掉赌瘾的决心，相应的问题才会随之解决。所以，只要找到好的方法，戒掉赌博，孩子的良知和性格都是会回来的。

孩子保证再也不赌了，可以相信吗？

你可以回忆一下，孩子在坦白、保证、复赌的循环中有过多少次了？

你要区分，孩子保证再也不赌了的初心是什么？是为了让你替他还债，还是真正发自内心不想赌博了？哪怕是后者，我们也要清楚地知道，孩子已经是病理性赌博了，他在赌博中也承受着巨大的痛苦，他保证不赌的时候也的确是发自内心的，而保证完再次赌博也是出于无奈，可以说并不受他自己控制。

所以，家人在这个时候一定不要再寄希望于孩子自己可以戒掉赌博了，一定要寻找专业的戒赌机构，从根源上梳理清楚孩子赌博的原因，而在未梳理清楚情况、未形成系统的戒赌方案前，复赌都是有很大可能的。

我们也尝试过很多的办法，为什么就是帮助不到他？

家人所尝试的办法，一般也就是靠指责来警醒他，靠哭穷卖惨来感化他，靠打骂来控制他，但这些都没有解决根本问题。赌博是一种心理疾病，只有开准药方，才能真正帮助孩子戒掉赌瘾。

孩子在赌博，为什么家人也要参与戒赌学习？

在我们接待的戒赌学员中，有些是二代成瘾者。成瘾也会遗传吗？答案

当然是否定的，但是所有瘾症的背后，都存在不完整的人格、没有被满足的欲求或压抑的情绪，而这一切，都源自从出生开始就一直伴随着我们的原生家庭。在人的一生中，我们做很多事都需要经过各种考试才能"上岗"，但是"父母"这个角色，无须持证就能上岗。

在中国大多数家庭中，父母和孩子都缺乏心灵上的交流和沟通，父母用物质表达着所谓的爱，还理所当然地用各种标准来要求孩子，却很少去关注他们内心真正的需求是什么。赌博只是一种外显的行为，背后却是家庭环境和父母的教养方式，只有从源头入手，才能找出赌博的真正原因，而在未来的戒赌路上，家人作为戒赌者最重要的支持系统，是他能够戒赌成功的重要因素。所以，戒赌需要家人和戒赌者一起来学习，学习如何共同营造一个幸福而团结的家庭环境。

家人的哪些行为有利于戒赌，哪些行为不利于戒赌？

有利戒赌的行为包括理解、支持、信任，不把注意力过度聚焦在孩子身上，过好自己的生活；不利戒赌的行为包括打骂、怀疑、指责、控制，当然，不同的家庭，父母和孩子的情况也不同，不良的家庭氛围、家人和赌博者过往固化的习惯等，可能都不利于戒赌。具体的行为，只有让专业人士与家庭成员进行访谈后，才可以梳理出来。

网络赌博和传统赌博有哪些不同？

线下赌博大众都比较熟悉，自古就有且种类繁多，需要专门的场地、人员、赌博工具和现金。庄家即使作弊也需要有熟练的作弊手法、技巧及相关的作弊道具。

网络赌博是在互联网时代兴起的，在智能手机时代发展到了极致。要打击和捣毁线上赌博平台相对比较困难，因为网络赌博虽在我们国家被严令禁止，但在其他个别国家是合法的，而开设网络赌博平台的庄家就在这些地方架设服务器，所以很难找到他们，给反赌工作带来了很大的难度。

对于赌博者而言，网络赌博是具有非常大的吸引力的。首先在于它的便捷性。在无人知晓的情况下，足不出户便可以操作，更隐蔽，也更让人上瘾！而且不管是转账还是充值，都只需花几分钟就可以在手机上完成，分分钟充值，分分钟输掉，再借钱、再充值、再输钱，整个过程都可以在手机上很快地完成！

其次在于它的诱惑性。网络赌博和线下赌博不一样的是，网络赌博后台是实时被人控制的，刚开始为了获取你的信任，卸下你的防备，庄家会让你尝到一点点甜头，而这一点甜头却会让你吃巨大的苦头，它会诱惑你一次次地去充值，最后输得什么都不剩，甚至家破人亡！

在我国，网络赌博实际就是融合诈骗和赌博为一体的违法犯罪活动。

关于戒赌的一些其他问题

戒赌路上有复赌的念头了应该如何应对？

戒赌的过程中，有复赌的念头是很正常的，不必过度反应，只需要采用更加理智的态度来面对就可以了。从起了复赌念头到真的产生复赌的行为，中间还有一个过程，当时的念头控制住了，也就过去了。当那一股热浪涌上心头的时候，一定要想一想自己为什么戒赌。在这里教大家3个应对的方法：

（1）分散注意力。分散自己的注意力是个不错的选择，让自己忙起来去做一件事，尤其在产生这个念头的时候尽可能和他人待在一起。

（2）减少提示。赌博受害者戒赌一段时间后复赌，往往都是受到了某些提示，可能是压力，可能是环境，也可能是有了资金又有了时间。

（3）让复赌变得困难。主动把金钱交给家人保管，注销银行卡，必要的话甚至可以更换手机，达成复赌行为越困难，就越利于戒赌。

记住，如果产生了复赌的冲动，一定要寻求外部支持系统的帮助，坦诚地告诉家人，当所有的东西都放在了阳光下，很快，你心中的念头就会慢慢消散。赌博者的家人也一定要理解他们，当他们愿意和我们沟通的时候，我们也一定要在精神上信任他们、支持他们，只有家人愿意和赌博者本人共同努力，才能平安地帮助他打消一次次复赌的念头。

第九章 关于戒赌疑问的解答

什么样的标准算是真正戒赌成功了？

首先，在心理学范畴里，持续 5 年未有赌博的行为发生，可以视作断瘾成功。另外我们也有一些其他的判断标准：

（1）内心有压力或遇到挫折时，不会想采用赌博的方式去处理，而是用其他有效的方式去应对。

（2）对于金钱、物质的获取方式有正确的认知，不再有一夜暴富、不劳而获的贪念。

（3）拥有积极乐观的生活态度，找到自己人生的价值，有生活和工作的目标。

（4）拥有和谐的家庭关系。

真正的戒赌成功不是谈"赌"色变、如临大敌，拼命压抑自己的欲望，而是可以做到轻松放下、坦然面对，因为你已经意识到了你从戒赌当中收获了人生中最有价值的经验。等到了这个时候，恭喜你，你终于真正脱胎换骨，重获新生。

参考文献

[1] 陈发展. 为什么家庭会生病[M]. 北京：机械工业出版社，2021.

[2] 亚当·奥尔特. 闫佳译. 欲罢不能[M]. 北京：机械工业出版社，2018.

[3] 詹姆斯·克利尔. 迩东晨译. 掌控习惯[M]. 北京：北京联合出版有限公司，2019.

[4] 郭双林，肖梅花. 中华赌博史[M]. 北京：中国社会科学出版社，1995.

读书笔记

读书笔记

读书笔记

读书笔记

———— 好书是俊杰之士的心血，智读汇为您精选上品好书 ————

给孩子心灵种树——生命树、人文树、哲学树、学习树和沟通树。书中经验均为作者30年咨询实践所得，配以疗愈的案例，对青少年家长具有很强的指导价值。

本书是一位世界500强企业高级管理者的心路历程，共六辑：行而行、常读常新、尚友千古、事不过三、管事理人、诗词歌赋。

东方智慧作为古老智慧之一，五千多年从未中断过，一直在流动与传播。本书强调知行合一，就人生修行提供一次自我对话的机会。

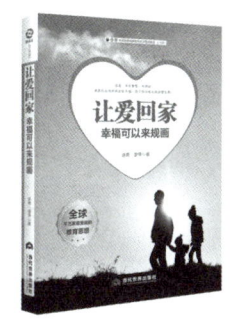

本书帮助家长实施家庭、个人、育儿规划，助力更多的家庭实现父母自我成长、家庭和谐和孩子的健康成长。

———————— 智读汇系列精品图书诚征优质书稿 ————————

　　智读汇出版中心与出版社及社会各界强强联手，整合一流的内容资源，多年来在业内享有良好的信誉和口碑。本出版中心是《培训》杂志理事单位，及众多培训机构、讲师平台、商会和行业协会图书出版支持单位。

　　现向致力于为中国企业发展奉献智慧，提供培训与咨询的**培训师、咨询师、企业家和社会各界名流**诚征优质书稿和全媒体出版计划，同时承接讲师课程价值塑造及企业品牌形象的**视频微课、音像光盘、微电影、创业史纪录片、动画宣传**等。

　　出版咨询：13816981508（兼微信）

欢迎关注智读汇书苑

● 更多精彩内容请登录 智读汇网：www.zduhui.com